# M. GUYAU

## L'ANNÉE PRÉPARATOIRE

DE

# LECTURE COURANTE

## 3oo Gravures

## Récits moraux et instructifs

## Leçons de Choses

*Vingt-huitième édition*

# Armand COLIN & Cie

### ÉDITEURS

des Livres de Lecture courante :

*Une Famille*, par Leroux et Montillot, 1 50. — *Petits Cahiers de madame Brunel*, par M. Délorme, 1 60 — *Petite Histoire de Paris*, par F. Bournon, 1 60.

Carré et Moy. — *L'Année préparatoire de Rédaction et d'Élocution*, 1 vol. in-12, cartonné, avec gravures . . . . . . . . . . . . . . . . . . 60

# L'ANNÉE PRÉPARATOIRE

## DE

# LECTURE COURANTE

## MORALE — CONNAISSANCES USUELLES

### PAR

# M. GUYAU

Lauréat de l'Académie des Sciences morales et politiques.

> « On ne lit pas assez dans
> nos écoles. »
>
> ROLLIN.

## PROGRAMME DE 1887

### (Cours élémentaire de 8 à 9 ans)

## OUVRAGE ILLUSTRÉ DE NOMBREUSES GRAVURES

### VINGT-HUITIÈME ÉDITION

Ce livre est intermédiaire entre l'**Année enfantine** de Lecture et la **Première année de Lecture courante**, du même auteur.

# PARIS

## ARMAND COLIN ET Cie, ÉDITEURS

### 5, RUE DE MÉZIÈRES

### 1895

Tous droits réservés.

# PRÉFACE

Le présent volume, qui fait suite à l'*Année enfantine*, est écrit d'après la même méthode : toute l'instruction y est mise, selon les recommandations du programme officiel, sous la forme de récits, et ces récits sont tous inédits.

L'« enseignement par l'aspect » est justement vanté depuis quelques années ; l'instruction par l'exemple n'est pas moins féconde. Aussi, selon nous, l'enseignement même des sciences élémentaires doit-il commencer, comme l'enseignement moral, par prendre la forme du récit, pour n'arriver que plus tard à la forme abstraite. *Raconter la science*, lorsqu'on parle aux jeunes enfants : tel est l'idéal dont nous avons cherché à nous rapprocher, d'abord dans l'*Année enfantine*, puis dans ce volume, commé dans la *Première Année de Lecture courante*, qui lui fait suite.

De même que l'*Année enfantine*, ce volume forme à lui seul un cours à peu près complet de morale enfantine. Nous y avons ajouté, conformément au programme officiel, quelques premières et générales notions de cosmographie élémentaire, de géographie et de physique ; enfin l'instruction civique viendra se rattacher naturellement, comme le recommandent les circulaires ministérielles, aux récits sur la géographie et sur l'histoire.

Pour tout ce qui concerne l'enseignement de la morale, nous n'avons pas craint de nous répéter un peu en revenant à plusieurs reprises sur la même idée, sur le même précepte. Un jour qu'on reprochait au philanthrope abbé de Saint-Pierre ses répétitions trop nombreuses : « Dites-moi sur quelle idée j'ai trop insisté, » demanda-t-il. On se la rappela, on la lui cita : « Vous vous la rappelez, répliqua-t-il : eh 1 n'est-ce pas là ce que je voulais ? » Nous en dirions volontiers autant : si les enfants se rappellent quelque chose de l'enseignement moral contenu dans ce livre, si les exemples qu'ils y trouveront peuvent servir, dans une certaine mesure, à régler leur conduite, n'est-ce pas là tout ce que nous pouvons demander ?

Enfin nous n'avons pas négligé l'éducation *littéraire* des enfants : nous avons joint en appendice aux récits en prose, composés par nous, quelques pièces de vers très élémentaires et très courtes, empruntées à des poètes dont les enfants doivent apprendre les noms : Lamartine, V. Hugo, A. de Musset, Corneille, Voltaire, Molière. Si, dans une citation, nous avons dû parfois transposer quelques vers et même changer certains mots, on nous excusera : il était impossible de faire autrement. Un astérisque placé après le nom des grands hommes renvoie à un *Lexique*, où l'enfant trouvera une notice bibliographique. Il apprendra ainsi les premiers éléments de l'histoire de la littérature française, trop négligée bien souvent dans l'enseignement primaire. — Le lexique contient aussi des notices sur tous les noms historiques ou géographiques cités dans ce livre.

# L'ANNÉE PRÉPARATOIRE

### DE

# LECTURE COURANTE

---

## 1. — Les réflexions de Jean l'écolier.

On entendait dans la grande classe le bruit actif des plumes de fer courant sur le papier rayé : tous les écoliers écrivaient leur devoir.

Jean venait de finir le sien : il leva joyeusement la tête. Autour de lui ses camarades écrivaient encore. Au fond de la classe le maître conduisait sur le papier les doigts gourds et inhabiles du jeune frère de Jean.

Fig. 1. — Le maître conduit les doigts du jeune écolier.

« Quand j'étais tout petit, pensa Jean, le maître m'a ainsi conduit les doigts. Plus tard, il montrera de même à

---

1ᵉʳ Récit. — **Programme de grammaire et de sciences élémentaires :** — **1.** *Plume :* d'où vient ce mot? | Autres objets dont se sert l'écolier? — **2.** *Gourd?* engourdi. | Contraire d'*engourdi?* dégourdi. | Synonyme d'*inhabile?* maladroit.

mon second frère, à notre petit Guillaume, qui mange encore sa bouillie le soir.

« A moi, il m'enseigne aujourd'hui la *lecture*, l'*écriture*, le *calcul*, la *géographie*, l'*histoire* ; il les apprendra ensuite à mes frères.

Fig. 2. — Le maître enseigne l'histoire et la géographie.

« Nous passons ainsi tour à tour entre ses mains, et tour à tour il tâche de nous instruire et de nous rendre meilleurs. Je veux lui prouver ma reconnaissance en m'appliquant de toutes mes forces ! »

Jean inclina de nouveau sa tête sur son cahier, et il se mit à relire deux fois son devoir, afin d'être bien sûr qu'il n'avait pas laissé passer une seule faute.

PRÉCEPTES DE MORALE. — **1.** *Le premier* de-voir de l'enfant à l'école, *c'est d'*obéir *à son maître et de l'aimer.*

**2.** *Le second devoir de l'enfant à l'école, c'est de* **travailler** *avec ardeur.*

---

**Grammaire :** — 1. Chercher d'où vient *bouillie*. | Conjuguer *bouillir*.
**Programme de morale :** — 2. Premier devoir de l'enfant à l'école ? | Second devoir ?

## 2. — L'instruction obligatoire.
## La petite Françoise et la vieille Catherine.

### I

Françoise avait six ans et elle allait pour la première fois à l'école.

Elle était accompagnée de la fille de ferme Catherine. Toutes deux suivaient un petit chemin vert, sous les pommiers. Les oiseaux jasaient, mais Françoise ne disait rien et elle soupirait quelquefois : elle avait un peu peur de l'école, où elle n'était jamais entrée.

Fig. 3. — Françoise, **ayant six ans**, fut envoyée à l'école.

---

**Programme de récitation :** — Faire apprendre ces vers, où un maître explique quelle est la belle tâche à laquelle il a consacré sa vie.

### Le maître d'école.

J'instruis tous les enfants du village, et les heures
Que je passe avec eux sont pour moi les meilleures.
Je me dis que je vais donner à leur esprit
La vérité, ce pain dont l'âme se nourrit ;
Puis je pense tout haut pour eux ; le cercle écoute,
Et mon cœur dans leur cœur se verse goutte à goutte.

LAMARTINE *.

QUESTIONS SUR L'EXERCICE DE MÉMOIRE : **1.** *Lamartine* * ? — **2.** *Le cercle ?* Le cercle des enfants rangés autour du maître.

2e RÉCIT. — **Programme de grammaire et de sciences élémentaires :** — **1.** *Ferme ?* maison et domaine dont la jouissance est laissée à quelqu'un moyennant un prix convenu. | Mots parents ? *fermier, fermage, ferme-école.* — **2.** *Jaser ?* babiller, causer.

La brave Catherine la regardait du coin de l'œil, en souriant. Elle posa sa main rugueuse sur l'épaule de l'enfant :

« Eh! petite, lui dit-elle, on dirait que tu boudes l'école. Sais-tu bien que je donnerais beaucoup, moi qui te parle, pour y aller à ta place?

— Vous, mère Catherine! s'écria Françoise d'un air étonné, en levant la tête.

— Certes oui, dit Catherine. Si je savais écrire et calculer, je ne serais pas simple fille de ferme à présent. Ta mère m'a dit souvent que, le jour où je saurais tenir les comptes de la maison, je gagnerais trois fois plus chez elle. Je pourrais même me mettre à mon compte et ouvrir une petite boutique d'épicerie. Malheureusement l'*instruction n'était pas obligatoire de mon temps ;* et aujourd'hui comment apprendre? Il n'y a pas dans le pays d'*école du soir* pour les *adultes*. Ah! mon enfant, si tu pouvais tenir

Fig. 4. — « Si je savais compter, je pourrais ouvrir une boutique d'épicerie. »

---

**Programme de grammaire :** — **1.** *Rugueux?* rude, ridé. | Le contraire de *rugueux?* poli, doux. — **2.** *Comptes?* calcul de ce qu'on reçoit et de ce qu'on dépense dans une maison. — **3.** *Se mettre à son compte?* faire commerce pour son propre compte. — **4.** *Épicerie :* d'où vient ce mot? d'*épices*. | Autres denrées que vend l'épicier? — **5.** *Adulte?* qui a dépassé l'âge de l'enfance. — *Écoles d'adultes?*

mon balai ou traire ma vache et moi prendre ton sac d'écolière, je ferais l'échange bien vite. »

Françoise regarda son sac d'écolière tout neuf qui ne lui avait pas encore paru si précieux, puis elle se tourna vers Catherine, dont le visage avait pris une expression un peu triste.

On était sorti du petit chemin ombreux, et on voyait déjà briller à cent pas le toit de l'école. Françoise réfléchissait aux paroles de Catherine ; elle avait l'air de chercher quelque chose en sa tête.

Tout d'un coup elle fit un petit cri de joie et, prenant la main de la fille de ferme :

— « Voulez-vous ? mère Catherine, je m'en vais tant m'appliquer que je saurai bientôt lire et écrire. Dès que je saurai, je vous le montrerai. Comme cela, vous n'aurez pas besoin d'aller à l'école : j'irai à votre place. »

FIG. 5. — Françoise entra gaiement à l'école.

Catherine, émue de la bonne pensée de l'enfant, l'embrassa sur les deux joues : « Apprends toujours, lui dit

---

elle ; cela te sera utile à toi-même, et aussi à tous ceux qui t'entourent. Va, mon enfant. »

Et Françoise entra gaiement à l'école, tandis que la mère Catherine, un peu songeuse [1] et la tête courbée, reprenait le chemin de la cuisine enfumée et de l'étable où ruminaient [2] les bœufs.

## II

Quelques mois après, Catherine ne pensait plus du tout à la promesse de l'enfant ; or, un après-midi de dimanche [3] où elle se reposait du travail de la semaine devant la porte de sa cuisine,

Fig. 6. — Françoise s'approcha portant une table pour écrire.

voici que Françoise s'approcha d'elle doucement ; elle portait une petite table avec son cahier de classe, un encrier et des plumes :

« Catherine, voulez-vous que je vous apprenne à écrire ?

— Comment ! mon enfant, si je veux ? mais je ne demande que cela. Tu n'as donc pas oublié ce que je te disais au printemps dernier ?

---

**Programme de grammaire :**—1. Masculin de *songeuse* ?—2. *Ruminer* ? mâcher une seconde fois (Les quatre estomacs des ruminants). — 3. Former des phrases où entre le mot *après-midi*, | le mot *dimanche*.

Seulement, petite, tu ne sais pas comme on a la tête dure à mon âge.

Fig. 7. — Françoise donne une **leçon d'écriture** à la vieille servante.

— Vous ne l'avez pas si dure que nous autres petites filles, allez ! mère Catherine. Notre maîtresse se donne bien du mal pour nous enseigner. Je tâcherai de me rappeler comment elle s'y prend. Tenez, voici une page blanche où j'ai écrit une ligne de bâtons pour vous servir de modèle. »

Chaque dimanche la petite Françoise recommença ainsi à donner une leçon à Catherine. En outre, le soir avant d'aller se coucher, quand la besogne de la ferme était finie, elle lui donnait une autre leçon plus courte et corrigeait ses devoirs à la lueur de la bougie. Elle imitait de son mieux la maîtresse d'école, et elle était toute fière de faire ainsi la petite institutrice.

Fig. 8. — Françoise corrigeait les devoirs à la lueur de la bougie.

Bientôt sa grande élève fit des progrès : au bout de quelques mois elle savait 1 écrire couramment et faire les quatre opé-

---

**Programme d'arithmétique :** — 1. Qu'est-ce que les *quatre opérations ?*

1.

rations. La fillette et la brave femme étaient aussi contentes l'une que l'autre.

« Merci, mon enfant, répétait celle-ci. »

Et elle ajoutait parfois en hochant la tête :

« Ah ! il fait meilleur vivre aujourd'hui qu'au temps passé, et les enfants d'à présent sont bien heureux. »

Lois sur l'instruction obligatoire. — 1. « Tous les enfants, garçons *ou* filles, *doivent recevoir*

---

**Programme de morale et d'instruction civique : —**
1. *Loi?* règle établie par tous les Français pour ordonner les actions justes et défendre celles qui sont injustes. | Punit-on ceux qui violent les lois? — *Obligatoire?* à quoi on est obligé. — Y a-t-il une loi rendant l'instruction obligatoire? | Qu'est-ce que le *certificat d'études primaires?* | Peut-il être utile?

**Programme de récitation : —** A propos de ce récit sur l'école faire apprendre ces vers :

### Souvenirs d'un écolier.

Oh! que j'étais heureux! oh! que j'étais candide!
En classe, un banc de chêne usé, lustré, splendide,
Une table, un pupitre, un lourd encrier noir,
Une lampe, humble sœur de l'étoile du soir.....
Le devoir fait, légers comme de jeunes daims,
Nous fuyions à travers les immenses jardins,
Éclatant à la fois en cent propos contraires.
Moi, d'un pas inégal je suivais mes grands frères,
Et les astres sereins s'allumaient dans les cieux,
Et les mouches volaient dans l'air silencieux,
Et le doux rossignol, chantant dans l'ombre obscure,
Enseignait la musique à toute la nature.

                                        Victor Hugo *.

Questions sur l'exercice de mémoire. — *V. Hugo?* V. le lexique. — *Candide?* innocent. — *Lustré?* rendu brillant par le frottement. — *Daim?* espèce de cerf, rapide à la course. — *Éclatant en propos contraires?* disant à la fois cent choses diverses. — *Serein?* tranquille. Substantif dérivé?

l'instruction primaire *à partir de l'âge de* **six** *ans jusqu'à* **treize** *ans*.

**2.** « *Ils ne peuvent quitter l'école avant treize ans que s'ils ont obtenu le* **certificat d'études.** »

## 3. — Après la classe. Le ballon et les fourmis.

**I**

Les enfants sortaient de l'école bien surpris, car le maître leur avait appris que la terre tourne et qu'elle est ronde.

Jean disait à ses camarades : « Comment la terre peut-elle tourner? Nous ne la sentons pas bouger sous nos pieds. »

Tous les enfants se regardèrent. Victor, le meilleur élève de la classe, avait à la main un gros ballon.

« Attendez, dit-il, je vais vous expliquer cela. »

Il prit délicatement une petite fourmi et la posa sur le ballon. Puis il éleva

Fig. 9. — Il éleva en l'air le ballon, sur lequel la fourmi allait et venait.

en l'air le ballon, en le soutenant avec deux doigts seulement.

---

3ᵉ Récit. — **Programme de géographie générale et de géométrie :** — **1.** Forme de la terre? | Qu'est-ce qu'une *sphère* ? | Un *rayon* de la sphère? | Un *diamètre*? | La *sphère terrestre*? | La *mappemonde*?

La fourmi allait et venait d'un air affairé à la surface de cette grosse boule.

Alors Victor se mit à faire tourner doucement le ballon, et la fourmi n'eut pas l'air plus étonnée qu'avant.

Tous les enfants l'entouraient et poussaient des cris de plaisir.

« Voyez-vous, dit Victor, le ballon c'est la terre, et la petite fourmi c'est moi. Je vais et je viens sur la terre comme la fourmi, sans m'apercevoir si la terre tourne ou si elle est immobile. »

1

## II

Jean regardait avec admiration.

« Savez-vous ? dit-il, il faut mettre plusieurs fourmis sur le ballon. Ce sera bien plus amusant. »

Vite les enfants ramassèrent deux ou trois fourmis, qui se mirent à courir sur le ballon dans tous les sens.

Tandis que l'une était en haut, l'autre était juste au-dessous, et l'une avait les pattes du même côté que l'autre avait la tête.

---

**Programme de cosmographie :** — 1. La terre est-elle immobile? | Pouvons-nous nous apercevoir de son mouvement de rotation?

« Les voilà aux antipodes, dit Victor en riant. Il y a comme cela des hommes qui sont de l'autre côté de la terre, et qui ont 1 les pieds tournés à l'opposé des nôtres : on les appelle nos *antipodes*. Eh bien, les fourmis sont placées ainsi : voyez-vous ? Celle-ci est en Europe, l'autre est en Océanie. »

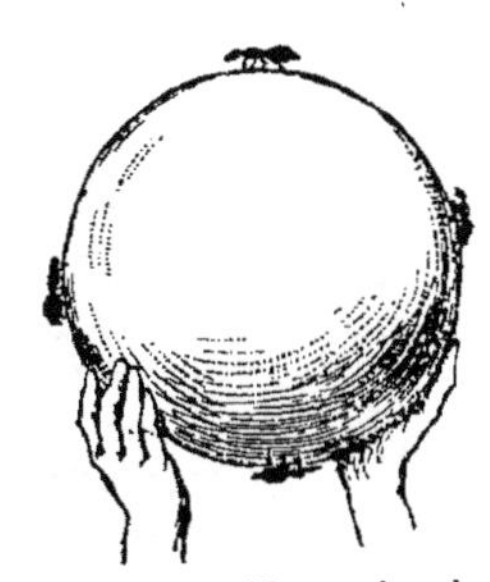

Fig. 10. — *« Il y a des hommes qui ont les pieds tournés à l'opposé les uns des autres, comme les fourmis sur le ballon. »*

Les enfants faisaient toujours cercle autour de Victor et riaient de tout leur cœur. Ils appelaient cela le jeu de la terre, et jamais aucun jeu ne les avait tant amusés.

2    Maxime. — *Après la classe il ne faut pas oublier ce que vous avez appris;* il faut y penser et vous en souvenir.


## 4. — L'amour dû à nos parents.

Michel et Robert étaient fils d'un ma-

---

**Programme de géographie générale :** — 1. *Être aux antipodes ?* avoir les pieds tournés à l'opposé les uns des autres. Les antipodes sont les points du globe *diamétralement* opposés; l'antipode de Paris est une des îles dites des *antipodes*, en Océanie.

**Programme de morale:** — 2. Que doit faire un bon écolier après la classe ?

çon qui travaillait à construire une grande maison, à l'autre bout du village.

Un jeudi leur mère les envoya porter le dîner du père.

Fig. 11. — Leur mère les envoya porter le dîner du père.

De la route, ils aperçurent le maçon bien 1 haut en l'air au som-2 met de la maison. Un seul faux pas eût suffi 3 pour le précipiter sur le sol.

Michel et Robert essayèrent de monter jusqu'à lui par la longue échelle des maçons; mais leur tête tournait, leurs 4 pieds tremblaient : ils étaient pris de vertige.

Fig. 12. — Leur père était bien haut en l'air, au sommet de la maison.

Un maçon accourut à leur secours, et avec

4e Récit. — **Programme de sciences élémentaires et de grammaire :** — 1. *Maçon?* ouvrier qui construit les murs des maisons. | *Mots dérivés* de *maçon? maçonner, maçonnerie.* — 2. *Sommet?* la partie la plus élevée d'une chose : sommet d'une pyramide, d'un angle, d'une montagne, etc. — 3. *Faux pas?* pas maladroit, qui peut amener une chute. — 4. *Leur tête tournait :* Comment appelle-t-on ce tournoiement de tête que produit la vue du vide ?

son aide ils redescendirent tout pâles, en se disant l'un à l'autre :

— Comme notre père est courageux de travailler là-haut tout le jour !

« Et c'est pour sa famille, c'est pour nous qu'il risque ainsi sa vie.

« *Oh ! quand nous serons grands, nous travaillerons, afin qu'il se repose.* »

LOIS SUR LES DEVOIRS DES ENFANTS ENVERS LEURS PARENTS.

FIG. 13. — Un maçon accourut à leur secours et ils redescendirent tout pâles.

1 **1.** « *A tout âge l'enfant doit* honneur *et* 2 respect *à ses* père *et* mère. » (Code civil, article 371.)

3 **2.** « *L'enfant reste sous l'autorité de ses* père *et* mère *jusqu'à sa* majorité, *c'est-à-dire jusqu'à* 21 *ans.* » (Code civil, article 372.)

4 **3.** « *Les enfants doivent le* logement *et les* aliments *à leurs parents et à leurs grands-parents, lorsque ceux-ci sont dans le besoin.* » (Code civil, article 205.)

---

**Programme de morale :** *Amour filial?* — **1.** Récitez la première loi sur les devoirs des enfants. — **2.** *Code?* livre qui contient toutes les lois. — **3.** Récitez la seconde loi. — **4.** La troisième loi ? | Devoir de l'enfant lorsqu'il est devenu grand et que ses parents ont vieilli ?

## 5. — La reconnaissance due à nos parents.

Un jour que Valentin revenait de l'école, la pluie tombait à verse ; [1] Valentin s'arrêta sous la porte de la forge où tra- [2] vaillait son père.

FIG. 14.
La pluie tombait à verse.

FIG. 15. — Valentin s'arrête à regarder son père le forgeron.

Le père de Valentin façonnait une large barre de fer ; il soulevait à deux bras un énorme marteau. Pan ! pan ! pan ! Le marteau retombait sur le fer en faisant jaillir une gerbe d'étincelles. [3]

La grande forge était toute rouge ; le visage du père, éclairé par le feu, paraissait tout rouge aussi. De temps en temps il

---

5ᵉ RÉCIT. — **Programme de sciences élémentaires et de grammaire :** — **1.** *Pluie :* D'où vient la pluie ? | Qu'est-ce qui produit les nuages ? — *A verse ?* abondamment, comme si on « versait » d'en haut. | Quel substantif a-t-on formé avec cette locution adverbiale ? De quel genre est *averse ?* (féminin.) — **2.** *Forge ?* atelier où l'on façonne le fer à coups de marteau. | Comment s'appelle l'ouvrier de la forge ? — **3.** *Gerbe ?* se dit au propre de tiges de blé liées ensemble, et au figuré de tout ce qui prend la forme d'une gerbe : *gerbes d'un feu d'artifice, gerbes d'un jet d'eau,* etc.

1 essuyait son front ruisselant de sueur.

— Comme mon père se fatigue ! pensa 2 Valentin. Et la pluie qui tombe ! Au retour, il reviendra tout mouillé, il prendra mal.

A cette pensée Valentin partit en courant. 3 Cinq minutes après, il était de retour : il apportait à son père un vêtement plus chaud que sa blouse.

Le père, touché de l'affection de l'enfant, l'embrassa avec tendresse, tandis qu'un sourire éclairait son visage noirci par la fumée de la forge.

FIG. 16. — Valentin apporte à son père un vêtement plus chaud.

4 PRÉCEPTE DE MORALE. — *Notre devoir n'est pas seulement d'aimer nos parents ; il faut leur* montrer par des actions *notre amour et notre* 5 reconnaissance.

---

**Programme de grammaire et de sciences élémentaires :** — 1. *Ruisselant?* d'où vient ce mot? — 2. *Hygiène?* doit-on s'exposer à la pluie ou aux courants d'air quand on est en sueur? — 3. *Minutes?* combien de minutes dans une heure? De secondes dans une minute? — PROBLÈME D'ARITHMÉTIQUE : combien y a-t-il de secondes dans une heure? $(60 \times 60 = 3\,600)$.

**Programme de morale :** *Amour filial.* — 4. Est-ce assez d'aimer ses parents? — 5. En quoi consiste la reconnaissance?

**Programme de récitation :** — Faire apprendre ces vers sur le forgeron-cloutier :

## 6. — L'obéissance due à nos parents.

FIG. 17. — « Quel bonheur ! nous avons une balançoire ! »

« Quel bonheur ! quel bonheur ! nous avons une balançoire, » 1 criaient en battant des mains Mélanie et Clémence.

Leur frère venait en effet de fabriquer une escarpolette avec une corde qu'il avait attachée aux bran-

---

### Le cloutier dans sa forge.

Voyez ses bras noirs et luisants
Retourner le fer en tous sens.

Le jour, la nuit, son marteau frappe !
Toujours sur l'enclume il refrappe !

Jamais il ne voit le ciel bleu,
Mais toujours la forge et son feu.

Le jour, la nuit, son marteau frappe !
Toujours sur l'enclume il refrappe !

C'est pour sa femme et ses enfants
Qu'il fait tant de clous tous les ans.

Le jour, la nuit, son marteau frappe !
Toujours sur l'enclume il refrappe !

Que Dieu, dans son noir atelier,
Dieu bénisse cet ouvrier !

Le jour, la nuit, son marteau frappe !
Toujours sur l'enclume il refrappe !

BRIZEUX *.

QUESTIONS SUR L'EXERCICE DE MÉMOIRE : *Cloutier?* — *Marteau?* — *Enclume?* — *Atelier?*

6ᵉ RÉCIT. — **Programme de sciences élémentaires et de grammaire :** — 1. *Balançoire?* sorte de siège suspendu par des cordes

ches d'un vieux prunier.

Déjà Mélanie allait s'installer sur la balançoire, lorsque son grand-père vint à passer. Il regarda l'arbre, la corde et secoua la tête.

Fig. 18. — Le grand-père défend de se balancer.

— « Mes enfants, dit-il, le bois de prunier n'est pas résistant, cette branche va casser tout à l'heure, ne vous balancez pas ici. »

Le grand-père passa son chemin, et dès qu'il eut le dos tourné, la désobéissante Mélanie sauta lestement sur l'escarpolette.

« Allons, une, deux, trois, dit-elle, balancez-moi. »

Le frère et la sœur, cédant au mauvais exemple de leur aînée,

Fig. 19. — Dès que le grand-père a le dos tourné, la désobéissante Mélanie saute sur l'escarpolette.

se mirent en effet à la pousser de toutes leurs forces. La branche eut un léger craquement, mais les enfants n'y firent point attention.

---

et sur lequel on peut se « balancer. » | Autre nom de la balançoire ? *escarpolette.*— **1.** *Prunier ?* que savez-vous sur le prunier et ses fruits ? — **2** *S'installer ?* s'établir à son aise. | Mot dérivé : installation.

« Plus haut ! plus haut ! toujours plus haut ! » criait Mélanie en riant de plaisir.

Tout à coup les enfants poussèrent un cri perçant : au moment où Mélanie était le plus haut en l'air, la branche s'était rompue avec un bruit sec, et [1] la sœur aînée avait été lancée rudement par terre.

Fig. 20. — La branche se rompt.

Elle essayait de se relever, mais elle ne le pouvait pas : elle avait le pied démis. [2]

Alors elle vit accourir de toute la force de ses vieilles jambes le grand-père, qui, d'une fenêtre, avait été témoin [3] de l'accident.

Fig. 21. — Le grand-père, étant accouru, emporta Mélanie.

Il souleva Mélanie dans ses bras encore vigoureux, la porta à la maison, la fit mettre au lit.

---

**Grammaire :** — 1. *Bruit sec?* bruit dur et court qui commence et cesse brusquement. — 2. *Pied démis?* pied luxé, c'est-à-dire dont l'os a été déplacé. — 3. *Témoin?* celui qui a vu ou entendu quelque chose. | Comment appelle-t-on la déclaration d'un témoin ? *témoignage.*

Mélanie poussait des cris de douleur ; la
1 fièvre la prit bientôt ; il fallut faire venir le
2 médecin, qui lui fit subir une opération
douloureuse, et elle dut rester au lit pen-
3 dant plusieurs semaines.

Tout le temps qu'elle garda le lit, son
grand-père allait et ve-
nait auprès d'elle, et
elle lisait son inquié-
tude dans ses yeux.

Lorsqu'elle put enfin
marcher en s'appuyant
sur un bâton, elle alla
vers son grand-père,
et, lui passant son bras
autour du cou :

Fig. 22. — Dès qu'elle put marcher,
elle alla vers son grand-père.

« Bon grand-père, lui dit-elle, *j'ai été*
4 *bien punie de ma désobéissance ;* mais ce
qui m'a fait plus de peine encore, c'est
5 d'avoir vu combien vous en souffriez vous-

---

**Programme de sciences élémentaires :** — **1.** *Fièvre?* aug-
mentation de la chaleur du corps, et accélération du pouls. — **2.** *Opé-*
*ration?* action d'un chirurgien sur le corps. | Autre sens du mot
*opération?* ce qui se fait selon une méthode: opération d'arithmétique,
opération de commerce, opération militaire, etc. — **3.** *Semaine?* com-
bien il y a de jours dans la semaine? de semaines dans le mois? |
Adjectif qui désigne une chose se renouvelant chaque semaine? *heb-*
*domadaire :* journal hebdomadaire, repos hebdomadaire, etc.

**Programme de morale :** « *Obéissance.* » — **4.** Devoir de l'enfant
quand ses parents lui défendent quelque chose? — **5.** Les parents
souffrent-ils des désobéissances de leurs enfants?

même, et combien vous m'aimiez, moi qui le mérite si peu. Bon grand-père, dites-moi que vous me pardonnez. »

Maxime. — *Une des choses les plus utiles dans* [1] *la vie et parfois les plus difficiles, c'est d'apprendre à obéir.*

## 7. — Ce que nous enseigne une petite compagne qui ne nous quitte jamais.

Un jour le maître disait à ses élèves attentifs : « J'ai près de moi une petite compagne qui ne mè quitte jamais. Si je fais un pas, elle fait un pas ; si je m'arrête, elle s'arrête. Vous aussi, vous avez une petite compagne toute pareille qui vous suit partout. Le petit chat Raton en a une aussi, et

---

**Programme de morale :** — 1. Citez une des choses les plus nécessaires dans la vie.

**Programme de récitation :** — Faire apprendre ces vers sur l'obéissance envers nos parents et sur nos devoirs envers les autres hommes :

### Nos principaux devoirs.

Dieu veut qu'on soit soumis aux lois de ses parents ;
Que le cœur et la main s'ouvrent aux indigents.
Il veut que parmi nous l'amitié soit sacrée :
De la haine à nos cœurs il défendit l'entrée.

Voltaire *.

Questions sur l'exercice de mémoire : *Voltaire* *? — *Lois?* — Expliquer le second vers, le quatrième. — Remarquer l'inversion.

pendant une heure je l'ai vu s'amuser à courir après. Devinez-vous son nom ? »

Fig. 23. — Le petit chat Raton court après son ombre.

Les enfants avaient peine à deviner. Jean, qui était intelligent et attentif, finit par dire :

« C'est peut-être notre ombre.

— « Précisément, dit le maître. Cette compagne-là ne fait pas grand bruit et n'est pas gênante ; mais, si on la regarde avec attention, elle peut nous apprendre quelque chose.

« Quand midi sonne, regardez votre ombre : elle reste toujours tournée vers le nord. Courez après elle, comme faisait le petit chat : elle vous mènera droit au nord. Alors le midi sera derrière vous, là où se trouve le soleil ; l'est sera à votre droite et l'ouest à votre gauche.

Fig. 24. — A midi, **notre ombre** est toujours tournée **vers le nord.**

« Vous voyez que votre ombre peut vous être utile en vous indiquant les points cardinaux.

« Avez-vous vu un cadran solaire sur

---

une muraille ? C'est l'ombre de l'aiguille qui indique l'heure comme avec le doigt. L'ombre tourne autour du cadran, à mesure que le soleil va du levant au couchant, et l'ombre marque sur le cadran comme l'aiguille mouvante d'une horloge : midi, une heure, deux heures. »

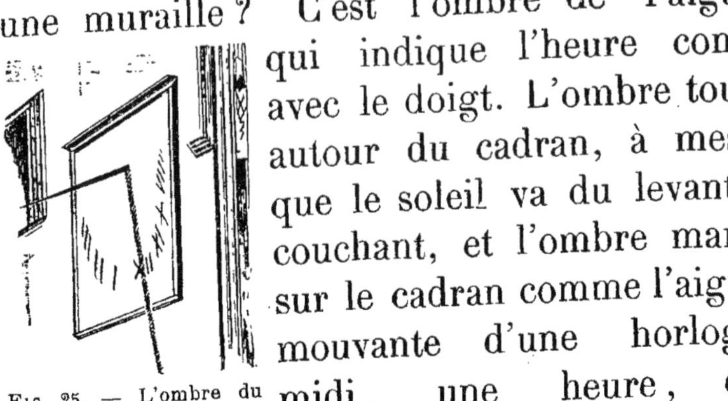

FIG. 25. — L'ombre du cadran solaire indique l'heure.

MAXIME. — *Aux* leçons du maître *l'élève attentif trouve toujours* intérêt et profit.

## 8. — L'enfant qui travaille montre son affection à ses parents.

Le père de Xavier est marin. Pour gagner la vie de sa famille, il s'embarque sur un navire, il part sur la mer qui s'étend à perte de vue et agite ses flots verts en grondant.

Le petit Xavier est venu avec sa mère

---

8ᵉ RÉCIT. — **Programme de sciences élémentaires et de grammaire :** — **1.** *Marin?* homme de mer. | Mots parents? *mer, marine.* — **2.** *S'embarquer?* monter dans une « barque » ou dans un vaisseau. | Mots parents? embarquement, embarcadère. | *Embarcadère du chemin de fer?* endroit où l'on monte dans le train (parce qu'on compare le train à une « barque »). — **3.** *A perte de vue?* tout

pour l'accompagner jusqu'au moment du départ.

Son père l'embrasse, les quitte. Le vaisseau s'ébranle au souffle du vent.

Du rivage l'enfant regarde, bien triste, le navire s'éloigner à toutes voiles tendues.

Fig. 26. — Du rivage l'enfant et sa mère regardent le **navire** s'éloigner.

— « Oh ! se dit Xavier, les yeux gros de larmes, mon père va bien loin, bien loin, pour gagner de quoi nous nourrir. Mais, si loin qu'il aille, je ne l'oublierai jamais, je penserai sans cesse à lui.

« Et pour lui montrer combien il m'est cher, je vais vite apprendre à écrire.

« Et je lui écrirai une longue lettre, où je lui donnerai de nos

Fig. 27. — Xavier écrit à son père une longue **lettre.**

---

au loin, jusqu'à l'endroit où la vue se perd. — 1. *Vaisseau?* grand bâtiment pour naviguer. | Qu'est-ce qui fait avancer les navires ou les vaisseaux? | Différence entre les bateaux *à voile* et *à vapeur ?* — 2. *Toutes voiles tendues ?* toutes les voiles déployées et tendues par le vent.

**Programme de morale :** « *Travail et amour filial.* » — 3. L'enfant,

nouvelles et où je lui répéterai souvent :
*Père, je vous aime, je vous aime bien !* »


## 9. — Être bon camarade. -- Le mien et le tien.

Médor était un gros chien brun ; Mimi, un petit chat blanc.

Médor avait un grand défaut : il était très gourmand.

---

quand ses parents sont absents, doit-il penser à eux ? — 1. Montrez qu'il est utile de savoir écrire ?

**Programme de récitation :** — Faire apprendre ces vers sur le pêcheur des côtes, qui va le plus souvent en pêche la nuit :

### Le pêcheur en mer.

Ses cinq petits enfants ont faim. Il part le soir,
Quand l'eau profonde monte aux marches du musoir.
Il gouverne à lui seul sa barque à quatre voiles.
La femme est au logis, cousant les vieilles toiles,
Remaillant les filets, préparant l'hameçon,
Surveillant l'âtre où bout la soupe de poisson ;
Puis priant Dieu sitôt que les cinq enfants dorment.
Lui, seul, battu des flots qui toujours se reforment,
Il s'en va dans l'abîme et s'en va dans la nuit...

V. Hugo *.

QUESTIONS SUR L'EXERCICE DE MÉMOIRE : *L'eau monte* parce que c'est l'heure de la *marée* (montée et descente de la mer qui a lieu deux fois par jour). — *Musoir ?* pointe d'une *jetée*, c'est-à-dire d'un mur qui s'avance en mer. — *Gouverner ?* — *Voiles ?* — *Filets ?* — *Remailler ?* — *Hameçon ?* — *Atre ?* — *Battu des flots ?* — *Abîme ?*

9ᵉ RÉCIT. — **Programme d'histoire naturelle :** — 2. Chien ? dites ce que vous savez sur les chiens ?

Un jour on avait donné à son camarade Mimi une bonne assiette de lait qu'il ₁ s'apprêtait à laper ; mais Médor arriva comme un trait, et, repoussant avec sa grosse tête le ₂ museau rose du petit chat, il but tout le lait en un clin d'œil.

Fig. 28. — Médor arriva comme un trait.

Mimi avait bon caractère, il ne se fâcha point ; mais il ₃ se léchait les moustaches d'un air triste, tandis que

Fig. 29. — Il repoussa de sa grosse tête le museau rose du petit chat.

Médor le gourmand remuait la queue avec satisfaction.

Le lendemain, on apporta pour le déjeuner un gros morceau de viande fort appé- ₄ tissant. Mimi avait l'œil au guet, il sauta sur

1. *Laper ?* boire en attirant l'eau avec la langue. — 2. *Museau ?* partie de la tête du chien et d'autres animaux qui comprend la gueule et le nez, et qui s'avance de beaucoup au delà du front. — 3. *Moustaches ?* poils qui garnissent la lèvre supérieure et qui sont très sensibles chez les chats.

**Programme de grammaire :** — 4. *Guet ?* action d'observer, de surveiller. | Mots de même origine ? *guetter, guetteur.*

le morceau, le prit entre ses dents blanches et l'emporta sur un arbre.

FIG. 30. — La revanche de Mimi sur Médor.

Puis il le mangea gravement, pendant que Médor, qui ne savait point monter[1] aux arbres, aboyait au-dessous.[2]

Médor fut d'abord fort mécontent. Il finit ensuite par comprendre qu'il avait tort et qu'il s'était montré[3] un mauvais camarade.

A partir de ce moment, Médor et Mimi restèrent bons amis et ne se querellèrent plus.

MAXIME. — *Les mauvais camarades sont toujours punis.*

## 10. — Le repas de la famille.

La mère de Vincent et de Julie est bien pauvre.

Elle est laveuse, et le soir elle rentre

---

**Programme de grammaire :** — **1.** Quel est le contraire du verbe *monter*? — **2.** De la locution adverbiale *au-dessous*?

**Programme de morale :** « *Sociabilité.* » — **3.** Un bon camarade doit-il jamais s'emparer de ce qui est à son ami?

1 dans sa petite maison, ployant sous un paquet de linge mouillé.

Comme elle est lasse ! Heureusement ses deux enfants sont 2 actifs et laborieux; ils l'aident de tout leur courage.

FIG. 31. — Le lavoir.

Vincent court chercher de l'eau à la fontaine.

Pendant ce temps-là Julie allume le feu 3 dans l'âtre noir, où l'on entend chanter 4 un cricri.

Il n'y a point de 5 soufflet pour souffler le feu dans la pauvre

FIG. 32. — Vincent court chercher de l'eau à la fontaine, et Julie allume le feu.

maison. Alors Julie gonfle ses petites joues et souffle comme elle peut sur les charbons rouges.

---

10e RÉCIT. — **Programme de sciences élémentaires et de grammaire :** — 1. *Ployant?* fléchissant, se courbant sous un poids. | Trouver des phrases où entre le verbe *ployer :* ployer un arc, ployer le genou, ployer ou plier une étoffe. — 2. *Actif?* qui agit et aime à agir. | *Adjectifs du sens contraire?* inactif oisif, paresseux. — 3. *Atre?* fond de la cheminée, où on fait le feu (d'un mot ancien qui veut dire *noir*). — 4. *Cricri :* d'où vient ce nom donné au grillon? | *Grillon?* petit insecte qui aime la chaleur du soleil, ou à son défaut celle des cheminées et des fours. — 5. *Soufflet :* comment sont faits les soufflets.

Enfin le feu flambe. Vincent revient de la [1] fontaine. Une bonne soupe aux pommes de terre bout déjà à gros bouillons, suspendue [2] à une crémaillère, au-[3] dessus de la flamme qui brille.

Fig. 33. — La petite famille s'assied gaiement autour de la table.

Et la petite famille, *pauvre, mais heureuse,* s'assied gaiement autour de la table, près du feu, tandis qu'on entend siffler au dehors le vent froid de l'hiver.

Maxime. — *Il est doux d'être tous unis et de* travailler les uns pour les autres !            [4]

---

**Programme de grammaire :** — **1.** *Flambe?* jette de la flamme. — **2.** *Bouillon?* bulle qui s'élève à la surface d'un liquide très chaud. — **3.** *Crémaillère?* morceau de fer fixé au fond des cheminées de cuisines et auquel on suspend la marmite.

**Programme de morale :** « *Travail dans la famille.* » — **4.** Que devez-vous faire quand vos parents ont besoin de vous ?

**Programme de récitation :** — Faire apprendre par cœur le morceau suivant :

### Le repas d'une famille de laboureurs.

Quand le milieu du jour au repas les rappelle,
Ils couchent sur le sol le fer; l'homme dételle
Du joug tiède et fumant les bœufs, qui vont en paix
Se coucher loin du soc sous un feuillage épais.
La mère et les enfants, qu'un peu d'ombre rassemble,
Sur l'herbe, autour du père assis, rompent ensemble
Et se passent entre eux de la main à la main
Les fruits, les œufs durcis, le laitage et le pain :

# 11. — Les deux morceaux de sucre.

### (FABLE.)

Deux morceaux de sucre se trouvaient dans
1 un beau sucrier de porcelaine.

La porcelaine polie leur
renvoyait leur image, et
ils s'admiraient comme
dans une glace.

FIG. 34. — « Qu'on casse un **morceau de sucre** dans l'obscurité, et on verra jaillir une étincelle. »

« Que je suis brillant !
disait l'un d'eux. J'ai la
blancheur de la neige ;
2 pourtant je recèle en moi
du feu : qu'on me casse dans l'obscurité, et
3 on verra jaillir une étincelle.

« Ah ! je ne suis qu'un morceau de sucre
sans doute, mais pourtant je ne suis pas le

---

Et le chien, regardant le visage du père,
Suit d'un œil confiant les miettes qu'il espère.

LAMARTINE *.

QUESTIONS SUR L'EXERCICE DE MÉMOIRE : *Le milieu du jour?* midi.
— *Le fer?* le soc de la charrue. — *Le joug ?* — Faire expliquer le
cinquième vers et les suivants avec leurs inversions.

11ᵉ RÉCIT. — **Programme de grammaire et de sciences
élémentaires :** — **1.** *Porcelaine?* de quoi est-elle faite? | La plus
célèbre manufacture de porcelaine? | Différence entre la porcelaine
et la faïence? — **2.** *Recéler?* cacher. — **3.** *Propriétés du sucre?*
qu'arrive-t-il quand on le casse dans l'obscurité? | Se dissout-il dans
l'eau? | Fond-il à la chaleur et en quoi se transforme-t-il alors? | Nom
des deux principales plantes avec lesquelles on fait le sucre?

premier venu. J'arrive d'une île française située par delà les mers, sur la côte d'Afrique : l'île de la Réunion *. Je suis le jus séché et purifié d'un grand roseau qui se balançait là-bas au vent africain. Qui de vous a autant voyagé que moi ?

FIG. 35. — La canne à sucre.

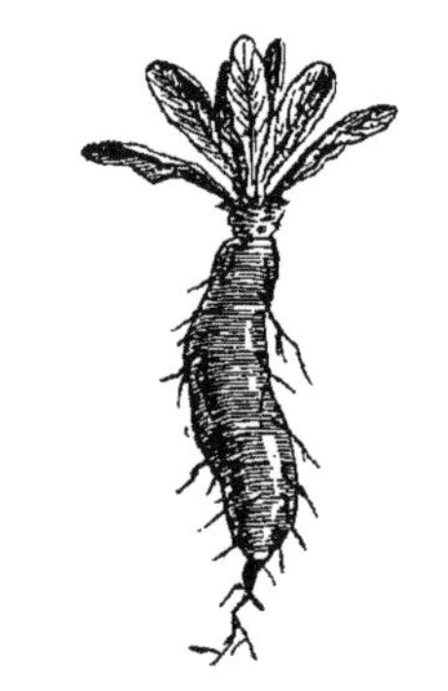

FIG. 36. — La betterave.

— Tu te vantes beaucoup, dit un autre morceau de sucre placé à côté de lui. Moi, ton compagnon, je ne viens pas d'aussi loin. Au lieu d'avoir été fait avec la canne à sucre, sous le soleil d'Afrique, je ne suis que le jus d'une humble betterave, poussée dans les plaines de Lille * ; mais qu'importe ! Ne suis-je pas aujourd'hui semblable à toi ? Ne sommes-nous pas frères ? Crois-moi, on s'inquiétera peu d'où nous venons. Tous les hommes sont égaux, quelle que soit leur origine, et toutes les pierres de sucre aussi. »

**Programme de géographie :** — 1. Que savez-vous sur l'île de la Réunion * ? — 2. Sur la ville de Lille * ?

Comme les pierres de sucre achevaient de causer, une main les prit, les enleva du sucrier blanc : l'instant d'après le jus de la grande canne à sucre et celui de l'humble betterave se mêlaient fraternellement dans une tasse.

— « Décidément je crois que tu as raison, dit en fondant le morceau de sucre de canne. *Notre sort est le même à tous, quelle que soit notre origine. Tâchons seulement d'être aussi bons les uns que les autres.* »


## 12. — L'instruction gratuite.
## Histoire de deux petits ramoneurs.

Aujourd'hui les enfants pauvres sont, comme tous les autres, obligés d'aller à l'école, mais ils reçoivent des secours ; on les *habille, on leur donne gratuitement des livres*, etc.

Il n'en était pas ainsi autrefois.

Il y avait dans une grande ville deux pauvres enfants orphelins, qui ne possédaient à eux deux qu'une paire de souliers.

---

**Programme de morale : — 1.** Tous les hommes ne sont-ils pas égaux et frères ?

12ᵉ Récit. — **Programme d'instruction civique : — 2.** *Gratuit ?* donné sans payer. | L'instruction est-elle gratuite en même temps qu'obligatoire ?

**Grammaire : — 3.** *Orphelin ?* qui a perdu son père ou sa mère.

Ils gagnaient leur vie en ramonant des cheminées.

Ils auraient bien voulu aller à l'école pour apprendre, comme faisaient tous leurs camarades ; mais ils ne pouvaient aller nu-pieds à l'école.

FIG. 37. — Les deux ramoneurs.

Savez-vous comment ils firent ? Ils mirent la paire de souliers chacun à leur tour, et ils allèrent en se relayant à l'école du dimanche.

Le maître remarqua qu'ils ne venaient pas ensemble à l'école.

— Où est ton frère ? demanda-t-il à l'un d'eux.

— Oh ! mon frère, dit le petit garçon, il attend que je lui porte mes souliers ; je les lui porterai dès que la leçon sera finie. Je lui

---

**Programme de grammaire :** — 1. *Ramoner ?* pourquoi est-il utile de ramoner.— 2. *Nu-pieds ?* Qui a les pieds nus. | Orthographe de *nu-pieds ?* | De *pieds nus ?* — 3. *Se relayer ?* faire une chose l'un après l'autre, se succéder dans la même occupation. | *Relayer* quelqu'un ? le remplacer dans sa besogne. | Que signifie cette expression : *le cocher va relayer ?* il va changer de chevaux. | Substantif parent : *relais,* endroit où l'on change de chevaux.

raconterai alors tout ce que j'ai appris, et cela fera presque comme si nous étions venus tous les deux en classe. La prochaine fois ce sera son tour. »

Vous qui vous faites ¹ quelquefois prier pour venir à l'école, voyez combien vous auraient

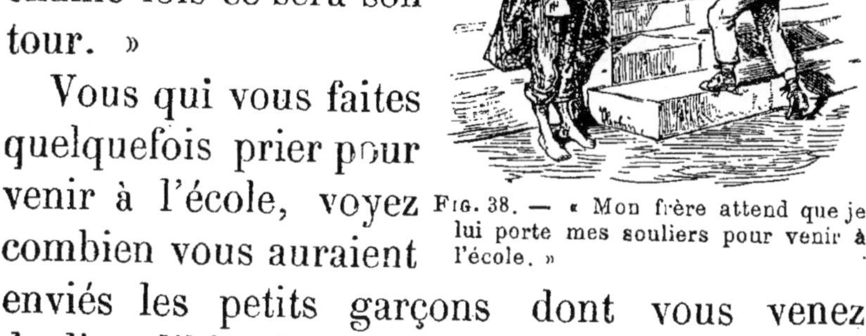

Fig. 38. — « Mon frère attend que je lui porte mes souliers pour venir à l'école. »

enviés les petits garçons dont vous venez de lire l'histoire.

Maxime. — *Les enseignements du maître sont pour l'élève un* bienfait.

## 13. — La bonne union entre frères.

2 Deux frères du même âge, jaloux l'un de
3 l'autre, se querellaient à tout propos.
4 Leur père leur dit : « Écoutez une fable.

---

**Programme de morale :** « *Amour de l'instruction.* » — **1.** L'enfant doit-il jamais se plaindre d'aller à l'école?

13ᵉ Récit. — **Programme de morale :** « *Amour fraternel.* » — **2.** *Jaloux?* envieux, chagriné par les avantages d'autrui. | Doit-on jamais être jaloux de personne, surtout de son frère?

**Programme de grammaire :** — **3.** *A tout propos,* à toute occasion, pour la moindre chose. — **4.** *Fable?* récit moral où l'on fait parler les animaux ou les choses.

« Un jour la main gauche, jalouse de la main droite, se mit à la quereller ; elle voulait lui arracher ce qu'elle tenait. Les deux mains finirent par se battre et par se faire mal l'une à l'autre.

« Alors la tête dit aux deux mains : Vous êtes des sœurs nourries par le même sang ; ne voyez-vous pas que chacune de vous, en faisant du mal à l'autre, s'en fait à elle-même ? Aidez-vous mutuellement au lieu de vous contrarier. »

Le père ajouta : « Enfants, vous êtes comme les deux mains de la fable ; mains fraternelles, joignez-vous au lieu de vous combattre ! »

Et, prenant ses deux enfants entre ses bras, il les fit s'embrasser.

Fig. 39. — La querelle des deux frères.

Fig. 40. — La querelle de la main droite et de la main gauche.

Fig. 41. — La réconciliation des mains.

Fig. 42. — La réconciliation des deux frères.

Programme de grammaire : — 1. *Mutuellement ?* l'un l'autre | *Synonyme ?* Réciproquement.

Maxime. — *Le* frère *qui fait du tort à son* frère, *s'en fait à lui-même.*

## 14. — L'instruction tirée du jeu. Les deux toupies.

1  Pierre, le fils de l'horloger, était aussi habile 2 au jeu qu'au travail. Il savait merveilleusement jouer à la toupie. Il avait deux toupies, l'une très grosse qu'il lançait d'abord et qui tournait sur elle-même en ronflant. Ensuite il en lançait une seconde, plus petite, et, en la fouettant, il la faisait tourner autour de la première, de manière à ce qu'elle décrivît tout un cercle.

Son petit frère, qui le regardait, battait des mains.

Fig. 43. — La boutique de l'horloger.

Fig. 44. — Il faisait tourner la petite toupie autour de la grande.

---

14e Récit. — **Programme de grammaire et de sciences élémentaires :** —1. *Horloger?* objets que vend l'horloger? —2. Former des phrases où entre le mot *jeu,* | le mot *travail.*

« Vois-tu, dit Pierre, la plus grosse de mes toupies ressemble au soleil ; la plus petite, que je fais tourner tout autour, c'est la terre.

« Si ma grosse toupie était lumineuse comme le soleil, ma petite aurait tour à tour un côté dans l'ombre et un côté dans la lumière : c'est ce qui arrive pour notre terre, et c'est ce qui fait les jours et les nuits. C'est ce qui fait aussi les heures, que marquent les montres et les horloges de notre père.

« Le soleil et la terre ressemblent tout à fait à deux énormes toupies tournant dans le ciel, mais sans reposer sur rien. »

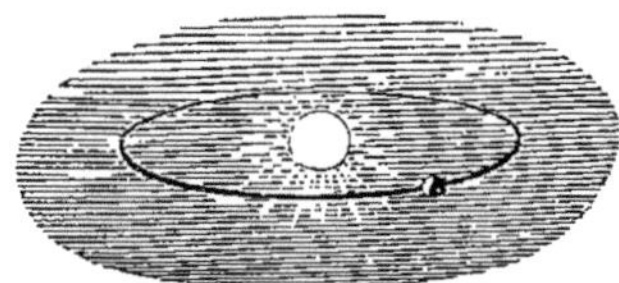

Fig. 45. — La terre tourne autour du soleil comme la petite toupie autour de la grande.

En écoutant Pierre, le petit frère regardait de tous ses yeux les deux toupies, qui semblaient grandir à ses regards. Et il était bien content d'avoir pu ainsi s'instruire tout en jouant avec son frère.

Précepte de morale. — *Apprenez aux autres ce que vous savez vous-même.*

---

**Programme de cosmographie élémentaire :** — 1. Le soleil est-il plus grand que la terre ? Quatorze cent mille fois plus grand. — 2. La terre tourne-t-elle autour du soleil ? | En combien de temps ? — 3. Tourne-t-elle aussi sur elle-même ? | En combien de temps ? | Qu'est-ce qui fait le jour et la nuit ? — 4. Qu'est-ce qu'on appelle une heure ? La vingt-quatrième partie du temps que la terre met à tourner sur elle-même.

## 15. — Avoir bon caractère. — Mathilde la boudeuse.

Mathilde était une enfant boudeuse. A la moindre contrariété, elle s'en allait dans un coin, faisant la moue.

FIG. 46. — « Mathilde, veux-tu que je te montre deux de mes **dessins** ? »

Son grand frère, qui avait appris le dessin à l'école, résolut de la corriger. — « Mathilde, lui dit-il un jour, veux-tu que je te montre deux de mes dessins ? » Mathilde accourut.

Son grand frère lui présenta alors le portrait d'une petite fille à l'air grognon : ses lèvres roses s'avançaient en une vilaine moue, son front se plissait, ses yeux étaient fixés à terre sur le bout pointu de ses sabots.

FIG. 47. — Le premier dessin du grand frère : Mathilde boudant.

Mathilde se reconnut sans peine, et, fort

---

15e RÉCIT. — **Programme de sciences élémentaires et de grammaire :** — **1.** *Boudeuse :* masculin? *boudeur*, qui marque à tous propos de la mauvaise humeur. — **2.** *Moue ?* grimace dans laquelle les lèvres s'allongent. — **3.** *Grognon ?* de mauvaise humeur. | Quel est l'animal dont le cri habituel est un grognement ? — **4.** *Se plisser ?* faire des plis, des rides. — **5.** *Sabots ?* dé quoi sont-ils faits ? | Comment s'ap-

mécontente, elle tourna le dos à son frère.

« Mathilde, reprit celui-ci en souriant, voici une seconde image ; peut-être te plaira-t-elle mieux que la première. »

L'enfant, de fort méchante humeur, eut d'abord envie de ne pas regarder le dessin, mais la curiosité l'emporta.

Cette fois son visage s'éclaira : l'image représentait une petite figure souriante, illuminée par la[1] bonne humeur et la bienveillance.

Fig. 48. — Le second dessin du grand frère : Mathilde **souriant**.

« Oh ! la jolie petite fille, s'écria Mathilde... mais, reprit-elle, c'est la même que tout à l'heure, c'est encore moi.

— Eh ! oui, c'est encore ma sœur, reprit le frère aîné ; seulement c'est ma sœur lorsqu'elle n'est pas maussade, c'est ma petite sœur telle qu'elle devrait être... Tout le monde alors l'aimerait, et on ne la désignerait plus sous le nom de Mathilde la boudeuse. »

Mathilde fut frappée de la leçon du grand frère, et elle voulut se la rappeler. Elle lui

---

pelle le fabricant de sabots ? —**1.** *Illuminée ?* éclairée tout entière.— **2.** *Maussade ?* désagréable, de mauvaise humeur.

**Programme de morale :** « *Amabilité.* »—**3.** Qu'arrive-t-il à ceux

demanda les deux dessins et les mit dans sa poche. Toutes les fois qu'il lui venait encore la pensée de bouder, elle tirait le portrait de Mathilde la *boudeuse*, et alors elle se trouvait elle-même si *laide* et si *ridicule* qu'elle se mettait à rire et reprenait son bon visage.

Fig. 49. — Quand il lui venait la pensée de bouder, elle tirait le portrait de Mathilde la boudeuse.

## 16. — Être persévérant. — La branche de lierre. — Le départ pour la ville et le retour aux champs.

Ernest se prenait d'une belle ardeur pour tout ce qu'il entreprenait, mais il se décourageait à la première difficulté.

Un jour Ernest trouva son frère Étienne au jardin. Il plantait une bouture de lierre au pied du vieux mur, et tout en la

Fig. 50. — Le frère d'Ernest plantait une bouture au pied d'un vieux mur.

qui ont bon caractère? — **1.** La mauvaise humeur embellit-elle et rend-elle le visage aimable? — **2.** *Être persévérant?* ne pas se décourager à la première difficulté.

16ᵉ Récit. — **Programme d'horticulture : — 3.** *Bouture?* Branche qu'on sépare de la tige et qu'on plante en terre pour qu'elle

plantant, il disait : — Ce mur sera bien plus joli quand il sera recouvert de lierre.

Ernest se mit à rire : — Si tu attends, mon frère, que ce brin de lierre couvre la [1] muraille, grande est ta patience. A ta place, je sèmerais des capucines ; dès le printemps [2] prochain le mur disparaîtrait sous mille clochettes brunes.

— C'est vrai, reprit Étienne ; par malheur si les capucines poussent vite, elles meurent de même. — Et il planta résolument sa tige de lierre.

Les deux enfants oublièrent bientôt la bouture de lierre et le vieux mur ; Ernest grandit, il partit pour la ville, essaya de bien des métiers et ne réussit dans aucun, car la patience [3] et la volonté lui manquèrent toujours.

Quinze ans après, il revenait, triste et

Fig. 51. — Ernest partit pour la ville.

<hr>

prenne racine. | Différence entre les boutures et les marcottes ? —
1. *Lierre?* arbrisseau grimpant qui s'attache aux murs et aux arbres, et dont le bois léger est employé dans l'industrie. — 2. *Capucine?* plante annuelle aux fleurs d'un jaune orangé. | D'où vient son nom ? De la forme de « capuchon » que présente l'extrémité de sa fleur.

**Programme de morale :** — 3. De quoi est-il toujours besoin pour réussir dans le métier qu'on a choisi ?

découragé, à la maison paternelle où était
resté son frère. Son frère
s'était fait agriculteur ;
il avait maintenant une
famille qu'il nourrissait
de son travail.

Ernest visita la mai-
son pleine de souvenirs ;
tout à coup, il aperçut
au fond du jardin une

Fig. 52. — Quinze ans après, il revenait, découragé, à la maison paternelle.

muraille de lierre : la petite branche plantée
par Etienne avait poussé courageusement, et
maintenant son épais feuillage vert couvrait
le vieux mur du haut en bas.

— « Ainsi a fait mon frère,
se dit Ernest ; il a apporté
au travail la même patience,
la même persévérance que le
lierre, et il a réussi comme lui.

« Eh bien, la leçon me pro-
fitera, et, quoiqu'il soit bien
tard, à mon tour je planterai

Fig. 53. — Il aperçut au fond du jardin une muraille de lierre.

mon brin de lierre ; à mon tour je me mettrai
au travail sans me laisser rebuter par rien. »

2 PROVERBE. — *La patience est un arbre dont
la racine est amère, mais dont les fruits sont doux.*

---

1. En quel sens faut-il prendre cette phrase : « A mon tour je planterai mon brin de lierre? » — 2. Répéter le proverbe sur la patience.

## 17. — L'enfant et le miroir. (FABLE.)

Un enfant regardait son image dans une glace. La glace était si belle, si polie, que [1]

FIG. 54. — L'enfant et la glace.

l'enfant prenait plaisir à la caresser du doigt. Il se mit à sourire d'admiration; aussitôt, dans la glace brillante, son image sourit. Par hasard il ouvrit la bouche; l'image ouvrit la bouche, comme pour parler.

Alors, du miroir merveilleux, l'enfant crut entendre une voix sortir. Il prêta l'oreille, tout étonné. La voix disait :

« Oui, je suis ton image reflétée dans ce [2] cristal. Je te montre toujours à toi-même tel [3] que tu es, sans te tromper ni te flatter; car je ne sais pas mentir.

« Si tu es de mauvaise humeur, si tu pleures ou si tu boudes, regarde le miroir, je te dirai bien vite : tu es laid, dépêche-toi d'essuyer tes pleurs et de sourire.

« Si tu as oublié le matin de te laver ou de te peigner, je te dirai : tu es malpropre; vite de l'eau fraîche ou une brosse.

---

17e RÉCIT. — **Programme de grammaire et de sciences élémentaires :** — 1. *Glace?* lame de verre qui fait miroir. Sens primitif de ce mot? — 2. *Refléter?* renvoyer, réfléchir. — 3. *Cristal?* verr[e]

« Tu vois que je te suis utile. Pourtant, si tu avais vécu autrefois, tu ne m'aurais point connu. Le premier miroir des hommes a été tout simplement un ruisseau clair, qu'un souffle suf-

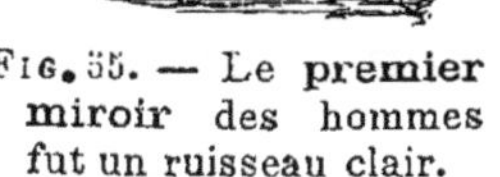

Fig. 55. — Le premier miroir des hommes fut un ruisseau clair.

Fig. 56. — Les miroirs des anciens étaient en métal.

fisait à ternir. Plus tard, ils se sont fait des miroirs en métal poli, en cuivre, en fer, quelquefois en argent ou en or. Mais le plus riche miroir d'or ne pourrait te renvoyer l'image fidèle que la glace de verre te renvoie.

« Certes je suis loin d'être en or; je suis un simple mélange de sable et de soude

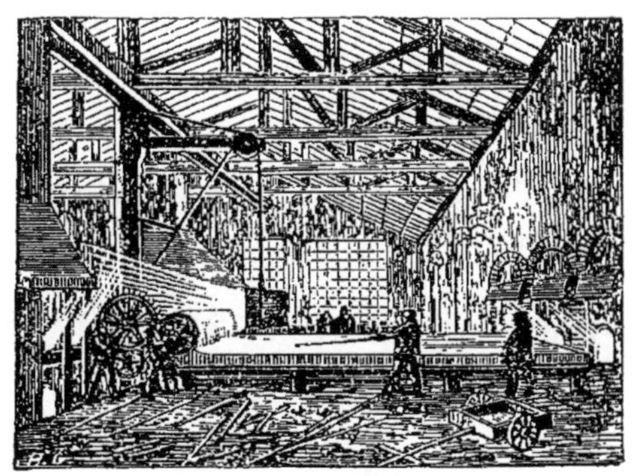

Fig. 57. — Comment on fabrique les grandes glaces

qu'on a fondu au feu, puis étendu bien régulièrement sur une table avec de grands

plus dur et plus transparent que le verre ordinaire. — **1.** Le premier miroir des hommes ? — **2.** *Ternir ?* enlever l'éclat d'un objet brillant.— **3.** Comment étaient faits les miroirs des anciens ? — **4.** Comment fabrique-t-on le verre ? On fabrique le verre ordinaire avec du sable blanc

rouleaux. Malgré mon humble origine, tu vois que je ne suis pas sans valeur.

« Enfant, ne me présente jamais qu'un *visage bien net et de bonne humeur*, afin que l'image de ton miroir te sourie comme elle le fait en ce moment. »

## 18. — Affection et reconnaissance.— La lecture d'histoire de France.

Près de la maison de Gustave habitait un vieillard qu'on appelait le père Jacob. Le père Jacob était un ancien soldat, aujourd'hui pompier de la commune ; il vivait seul dans sa maisonnette.

Fig. 58. — Gustave regarda par la fenêtre de son vieil ami.

Il aimait bien le petit Gustave ; chaque jour, assis sur le devant de sa porte, il le prenait sur ses genoux et lui racontait des histoires de batailles.

Mais un jour le vieux soldat ne sortit point comme d'habitude sur le devant de sa porte.

et des sels de soude ou de la cendre, le cristal avec du sable très pur et des sels de potasse. — **1.** *Rouleaux?* leur forme cylindrique, leurs divers usages. | Comment fabrique-t-on les grandes glaces d'une seule pièce?

18e RÉCIT. — **Programme de sciences élémentaires et de grammaire :** — **2.** *Pompier?* à quoi servent les pompiers? | D'où vient leur nom? | A quoi servent les pompes? — **3.** *Commune?* partie du territoire français administrée par un maire.

Gustave regarda par la fenêtre de la petite maison, et vit son vieil ami seul, au coin de son feu, l'air bien triste.

Il avait une ancienne blessure qui s'était ranimée et le faisait beaucoup souffrir.

Alors le petit Gustave eut une bonne pensée. « Père Jacob, dit-il, vous m'avez tant amusé en me racontant des histoires ! voulez-vous que je tâche, moi aussi, de vous distraire un peu ? »

Et Gustave alla chercher un volume d'histoire de France, et se mit à lire d'une voix bien claire.

Fig. 59. — Gustave fit la lecture au vieux **pompier**.

Le père Jacob n'avait plus l'air triste, il souriait. Il embrassa le petit garçon en lui disant : « C'est bien, mon enfant ; tu es *reconnaissant* et *affectueux* ; tu te prives de jouer avec tes camarades pour faire plaisir à ton vieil ami. Tu es un brave cœur et tu seras plus tard un homme. »

Maxime. — *Si votre* ami *est triste, ne soyez pas joyeux vous-même avant de lui avoir rendu la joie.*

---

**Programme de morale :** « *Reconnaissance.* » — **1.** *Reconnaissant ?* qui se souvient du bien qu'on lui a fait, et qui tâche de le rendre. — *Affectueux ?* qui montre de l'affection, de l'attachement aux autres. | La reconnaissance est-elle un devoir ? | Nom du vice opposé à la reconnaissance ?

## 19. — Le jour de congé. — Les fleurs d'églantier.

Le père de Pauline est tailleur. Toute la [1] journée, accroupi sur sa [2] large table, il taille des vêtements avec ses grands ciseaux.

Près de lui sa femme, assise sur une chaise de paille, l'aide active- ment à coudre les mor-

Fig. 60. — Le tailleur est accroupi sur sa large table.

ceaux de drap qu'il a taillés. [3]

Pourtant c'est aujourd'hui congé à l'école, et il fait bien beau, car on est au prin- temps. Pauline se réjouit d'aller avec ses camarades faire une promenade dans la campagne.

Mais son père et sa mère, eux, n'ont pas congé ; ils n'ont pas le temps d'aller se promener au gai soleil et respirer le bon air des champs. Pauline, en s'en allant, les

---

1 regarde à travers la vitre de la petite boutique. Ils travaillent toujours, la tête penchée sur leurs genoux, et

2 Pauline se sent le cœur gros en se disant que c'est pour elle qu'ils travaillent ainsi.

Fig. 61. — Pauline, en s'en allant, regarde ses parents à travers les vitres de la petite boutique.

Pauline part avec ses camarades ; mais, tout en jouant, elle est restée sérieuse ; elle pense toujours à la petite boutique sombre où travaillent son père et sa mère.

Le soir, avant de revenir, elle cueille dans les champs un gros

3 bouquet d'églantines et de coquelicots pour les rapporter à sa mère.

Sa mère met le bouquet

4 printanier dans un vase plein d'eau, sur la cheminée, et il lui semble que le bouquet réjouit la chambre,

Fig. 62. — Elle cueille un gros bouquet pour le rapporter à sa mère.

**Grammaire :** — **1.** *Boutique?* magasin, endroit où un marchand étale sa marchandise. — **2.** *Se sent le cœur gros?* a du chagrin, a envie de pleurer. — **3.** *Églantine?* fleur de l'églantier, qui est une sorte de rosier sauvage. — **4.** *Printanier?* d'où vient ce mot?

GUYAU. — *Ann. prép.* 3

comme si la petite Pauline lui avait rapporté une bouffée d'air vivifiant de la campagne.

Pauline est une bonne enfant. Elle sait qu'il suffit de la moindre attention pour faire plaisir à nos parents, et qu'un simple bouquet peut leur dire tout bas : Votre enfant vous aime et pense à vous.

Fig. 63. — Le bouquet réjouit et embaume la chambre de sa mère.

Maxime. — *Nous devons montrer dans les moindres choses notre* affection pour nos parents.

---

**Grammaire :** — 1. *Bouffée ?* souffle d'air qui passe rapidement. | Chercher des phrases où entre ce mot : bouffée de chaleur, bouffée de vapeur, et au figuré bouffée de sang, bouffée de colère, etc.

**Programme de morale :** « *Amour filial.* » — 2. Dites s'il est difficile de montrer son affection à ses parents.

**Programme de récitation :** — Faire apprendre ces vers sur le printemps :

### Le premier soir de printemps.

Le printemps naît ce soir, les vents vont s'embraser.
La fleur de l'églantier sent ses bourgeons éclore,
Et la bergeronnette, en attendant l'aurore,
Aux premiers buissons verts commence à se poser :
Le printemps naît ce soir, les vents vont s'embraser.

A. DE MUSSET *.

QUESTIONS SUR L'EXERCICE DE MÉMOIRE : *Alfred de Musset* * ? — *S'embraser ?* pris au figuré pour *devenir chaud.* — *Bourgeons ?* — *Éclore ?* — *Bergeronnette ?* (origine de ce nom d'oiseau : *berger*).

# 20. — La gourmandise et le larcin.

Nicolas était fort gourmand ; ses petits yeux étaient toujours en éveil pour cher-cher ce qu'il y avait de bon à manger ; quand venait à l'école l'heure du goûter, il regardait avec envie tout ce que man-geaient ses camarades : il aurait voulu de tout.

Sa gourmandise l'entraîna un jour jusqu'à prendre en cachette dans le panier de ses cama-rades. A l'un il prit une noix, à l'autre quelques grains de raisin, à l'autre un peu de confiture. « Ils ne s'en apercevront même pas, se dit-il. » De gour-mand, Nicolas était devenu voleur.

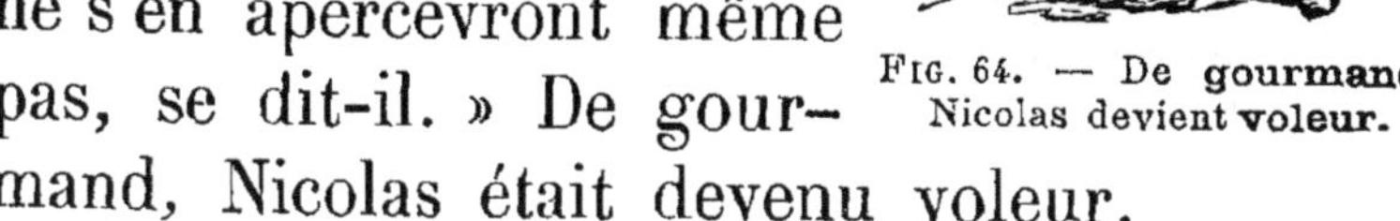

Fig. 64. — De **gourmand,** Nicolas devient **voleur.**

Le lendemain, il recommença. Ses cama-rades s'aperçurent que le meilleur de leur goûter disparaissait secrètement.

Leur maître leur dit : — Donnez-moi

---

20e Récit. — **Programme de grammaire : —** 1. *Larcin?* vol fait en cachette. — 2. *En éveil?* en activité, en mouvement.

**Programme d'histoire naturelle : —** 3. Qu'appelle-t-on *noix* en général? Enveloppe dure, semblable à du bois ou à de l'os, qui sert dans certains fruits à protéger les semences. | Qu'est-ce qui en-toure la noix du noyer, de l'amandier, du noisetier, etc.? *le brou.* — Comment s'appelle la noix du pêcher, de l'abricotier, etc.? *noyau.*

vos paniers ; je les mettrai sur le haut de ce grand bahut où personne ne pourra y toucher.

Ainsi fut-il fait. Mais Nicolas était avisé : pendant la récréation, il pénétra dans la chambre au bahut, mit une table au-dessous, une chaise sur la table, et le voilà grimpé jusque sur le haut de la vieille armoire.

FIG. 65. — Nicolas grimpa jusque sur le haut de la vieille armoire.

Le maître, qui le soupçonnait, ouvrit tout doucement la porte et s'avança sans bruit. Nicolas était si occupé de manger, qu'il ne s'aperçut pas que sa table et sa chaise étaient soulevées légèrement et emportées par une main vigoureuse. Quand il voulut redescendre, il trouva un précipice devant lui et dut rester en l'air.

Bientôt la porte qui s'était refermée se rouvrit :

« Venez, venez, mes enfants, disait le maître, venez voir celui qui vous dérobe

---

**Programme de sciences élémentaires et de grammaire.**
— 1. *Bahut?* sorte de vieille armoire. — 2. *Avisé?* rusé, habile.
D'où vient ce mot? d'*avis*, opinion réfléchie, avertissement
donné. — 3. *Soupçonner?* croire quelqu'un coupable. | De *soupçon*. —
4. *Précipice?* vide qu'on a devant soi, trou profond. — 5. *Dérober?*
voler.

ce qui vous appartient : c'est un voleur, et comme les voleurs il est en prison. »

Tous les écoliers entrent, et aperçoivent Nicolas sur le haut de l'armoire. Il se cachait le visage avec ses mains encore pleines de confiture.

« Honte à toi, lui dit le maître. Si tu continues, tu finiras, quand tu seras

FIG. 66. — « C'est un voleur, dit le maître, et comme les voleurs il est en prison. »

grand, par aller dans les prisons aux hautes murailles et aux fenêtres grillées où l'on enferme les malfaiteurs de profession. Reste, en attendant, emprisonné où tu es : ce sont tes parents qui viendront eux-mêmes t'y chercher. »

2 MAXIMES. — 1. *Il faut* manger pour vivre, *et non vivre pour manger.*

2. Un défaut en entraîne un autre : *il faut se corriger pendant qu'on est jeune.*

---

**Programme d'instruction morale et civique :** — 1. *Prison* : comment est construite une prison : hautes murailles, fenêtres grillées, lourdes portes, geôlier. | Pour qui sont faites les prisons? — 2. Pourquoi la gourmandise est honteuse. | Prendre quelque chose, même une friandise ou un fruit, est-ce voler?

## 21. — Le grain de sel.

Je suis le petit grain de sel, l'âcre grain

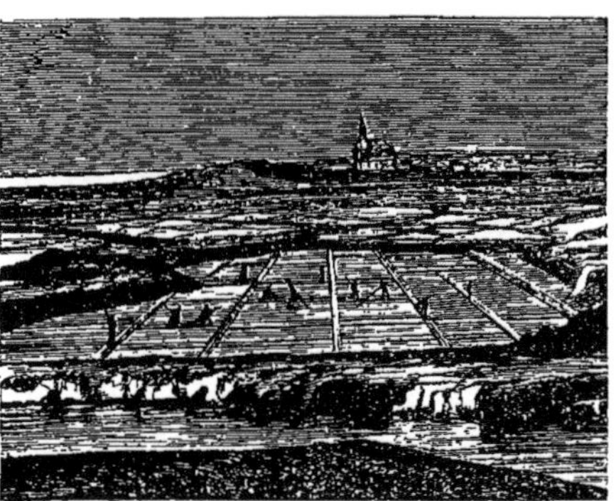

Fig. 67. — « Je suis le petit grain de sel, qui fait faire la grimace aux enfants. »

de sel qui fait faire la grimace aux enfants quand ils me mettent sur leur langue. Je suis amer comme la réprimande, utile comme elle.

Longue a été mon histoire avant que je vinsse tomber dans cette salière transparente que vous voyez posée sur la table et qui brille aux rayons du soleil.

Fondu dans les flots du grand océan, j'ai été longtemps promené de vague en vague ; un jour, la mer, en se répandant sur le rivage à l'heure de la marée, m'a roulé dans un bassin que les hommes avaient creusé pour

Fig. 68. — Des ouvriers retirent le sel des marais salants.

me recevoir ; elle m'y a laissé en se retirant. Puis le soleil a pompé l'eau du

21.<sup>e</sup> Récit. — **Grammaire :** — 1. *Réprimande?* action de gronder, de blâmer. — Pourquoi la réprimande est-elle utile ? — 2. Expliquez cette expression : *le soleil a pompé l'eau du bassin.* — *Pomper* est-il pris au sens propre ou au figuré ? | Quelques mots sur *l'évaporation.*

bassin, et je suis resté au fond... Des ouvriers sont venus alors, m'ont tiré du bassin, on m'a travaillé de toutes manières, pour me séparer du sable qui altérait ma pureté; enfin me voilà, blanc, sec, appétissant.

Ce n'est pas seulement dans la mer qu'on me trouve; je suis aussi caché dans les entrailles de la terre. Là, pour m'avoir, les ouvriers creusent le sol, ouvrent à travers la terre de longues galeries, aux parois étincelantes comme le cristal. Ils me découvrent ramassé en blocs énormes, dur comme la pierre; on brise ces blocs, on m'émiette, et je m'en vais, sous le nom de *sel gemme*, emplir vos salières de cuisine.

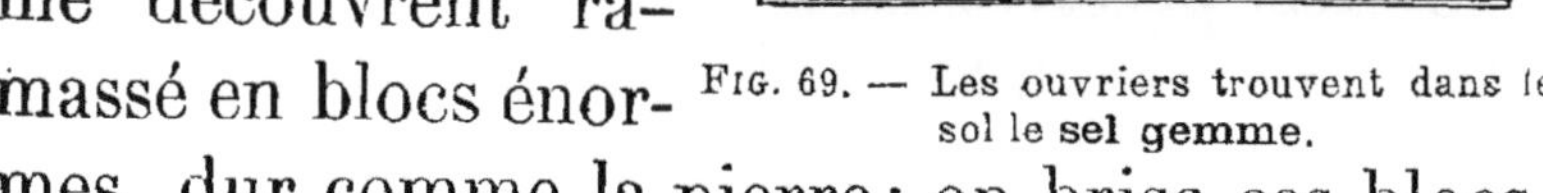

Fig. 69. — Les ouvriers trouvent dans le sol le **sel gemme**.

Ne méprisez pas le petit grain de sel : il est plus utile qu'il n'en a l'air. Vous ne pourriez vous passer de lui : il excite votre

---

**Programme de sciences élémentaires :** — **1.** Dites comment on retire le sel de la mer. (*Marais salants.*) — **2.** *Entrailles de la terre?* intérieur de la terre. | Nom des ouvriers qui creusent la terre pour y trouver le sel ou toute autre substance? — **3.** *Galerie?* long corridor, chemin souterrain. — **4.** *Parois?* côtés intérieurs d'une chose creuse. — **5.** Qu'est-ce que le sel gemme? — **6. A** quoi sert le sel? | Le sel est-il nécessaire à l'homme?

appétit, il vous maintient en santé. Vous voulez devenir grands et forts : mangez du sel. Les animaux le savent bien, ils aiment les choses salées, et on les voit lécher les pierres des murs quand ces pierres sont couvertes de salpêtre. C'est que le[1] sang et les muscles ont[2] besoin de sel.

FIG. 70. — Les animaux lèchent les pierres des murs couvertes de salpêtre.

Dans les villes assiégées, lorsqu'on manque de sel, c'est presque comme si l'on manquait de pain. Dans la campagne de Russie,[3] une des privations les plus pénibles imposées à nos soldats, ce fut la privation de sel.

Le sel purifie et conserve tout. Une des raisons qui empêchent l'eau de mer de se corrompre, c'est qu'elle roule le sel dans ses flots. Enfin c'est par le sel que l'homme peut conserver le poisson et la viande,[4] gardant ainsi de la nourriture pour l'heure du besoin.

---

**1.** *Salpêtre?* sel de potasse ou de soude qui se dépose sur certaines pierres. — **2** *Muscles?* organes charnus qui produisent, en se raccourcissant ou en s'allongeant, tous les mouvements du corps. — **3.** *Campagne?* expédition militaire. | Que s'est-il passé dans la campagne de Russie ? | A quelle époque eut lieu cette campagne? — **4.** Comment conserve-t-on le poisson, le lard, etc.?

1   Enfants, petits amateurs de sucre et de sucreries, il vous vaudrait mieux manquer de sucre que de sel. C'est quand vous manqueriez de sel que vous en comprendriez tout le prix.

## 22. — L'ordre et la propreté.

Eugénie était venue demander son déjeuner à sa mère. Elle n'avait lavé ni ses mains ni son visage, et ses cheveux en désordre sortaient en cornes de son bonnet.

Sa mère, après l'avoir regardée , la prit par la

Fig. 71.— Eugénie ne s'était ni lavée ni peignée.

---

**Grammaire :** — 1. *Amateur ?* qui a du goût pour une chose.

**Programme de récitation :** — A propos de l'Océan, dont l'eau est si salée qu'on ne peut la boire, faire apprendre cette belle fable :

> La source tombait du rocher
> Goutte à goutte à la mer affreuse.
> L'Océan, fatal au nocher,
> Lui dit : « Que me veux-tu, pleureuse?
> « Je suis la tempête et l'effroi;
> Je finis où le ciel commence.
> Est-ce que j'ai besoin de toi,
> Petite, moi qui suis l'immense? »
> La source dit au gouffre amer :
> « Je te donne, sans bruit ni gloire,
> Ce qui te manque, ô vaste mer !
> Une goutte d'eau qu'on peut boire. »
>
> Victor Hugo *.

Questions sur l'exercice de mémoire : *Affreuse* (dans la tempête). — *Nocher*, matelot. Fatal au *nocher*, qui fait souvent périr les marins. — *Pleureuse*, parce que l'eau de la source tombe goutte à goutte comme des larmes.

3.

main, et, au lieu de lui donner la tartine₁ qu'elle attendait, elle la conduisit dans la cour. « Regarde, lui dit-elle. »

A ce moment le chat traversait la cour, et, pour ne pas salir ses pattes lustrées, il₂ les posait délicatement aux endroits les plus propres.

Un peu plus loin, les grandes oies accroupies₃ lissaient leurs plumes avec leur bec.

Au fond de la cour les canards plongeaient et₄ replongeaient dans l'eau claire du ruisseau en secouant la tête et en battant des ailes.

« Vois, mon enfant, lui dit sa mère, il n'est

FIG. 72. — Les **oies** lissaient soigneusement leurs plumes.

FIG. 73. — Les **canards** se lavaient dans l'eau claire.

---

22ᵉ RÉCIT. — **Programme de grammaire :** — **1.** *Tartine?* tranche de pain recouverte de beurre, de graisse ou de confitures. | Faites des phrases où vous placerez le mot *tartine* : « j'ai mangé ma tartine, » « j'ai donné ma tartine à un camarade, » « à un enfant pauvre, » etc. — **2.** *Lustré?* brillant, de *lustre*, éclat d'un objet poli ou verni.

**Programme d'histoire naturelle et d'agriculture :** — **3.** *Oie?* l'oie aime-t-elle l'eau (oiseau *aquatique*)? Quelle est la forme de ses pattes (ordre des *palmipèdes*)? | Nom du mâle de l'oie? (Jars.) | Que fait-on avec le *duvet* de l'oie? | Avec les *grosses plumes* de son aile? — **4.** *Canard :* qu'est-ce qui le distingue de l'oie? | Femelle du *canard?*

pas une de ces petites bêtes qui ne prenne soin d'elle-même et ne fasse sa toilette du matin. Entrons maintenant dans l'étable. »

1 Dans l'étable bien tenue la vache blanche et noire léchait son veau : c'était sa façon à elle de le débarbouiller.

Fig. 74. — La vache blanche et noire léchait son veau.

Ailleurs, le garçon de ferme 2 étrillait à tour de bras le cheval blond, qui se laissait faire avec satisfaction, comme s'il comprenait fort bien le prix de la propreté.

La petite Eugénie regardait d'un air étonné ; elle n'avait jamais remarqué ainsi combien les animaux sont propres.

Fig. 75. — Le garçon de ferme étrillait le cheval à tour de bras.

— Maintenant, lui dit sa mère, regarde-toi toi-même : tes ongles sont longs comme les griffes de Minet, tes mains sont noires,

---

1. *Étable?* lieu destiné à loger les bestiaux. | Nécessité de tenir proprement l'étable et de l'aérer. — 2. *Étriller?* brosser un cheval avec une sorte de brosse en fer. | Pourquoi étrille-t-on les chevaux?

ton visage est encore barbouillé de l'œuf que tu as mangé hier soir... Oh ! rougissez de honte jusqu'au bout des oreilles, mademoiselle la malpropre ! vous n'aurez à manger que lorsque vous serez débarbouillée. A votre âge serai-je donc obligée de vous laver comme la vache lave son petit veau ? »

Eugénie, bien honteuse et prête à pleurer, rentra vite à la maison, se lava, se peigna ; puis elle revint embrasser sa mère et lui promit d'en faire autant tous les matins.

Sa mère lui donna une bonne tartine de crème, et Eugénie partit pour l'école, en admirant une dernière fois le chat noir, qui, assis sur le seuil, se débarbouillait gravement le visage avec sa patte blanche.

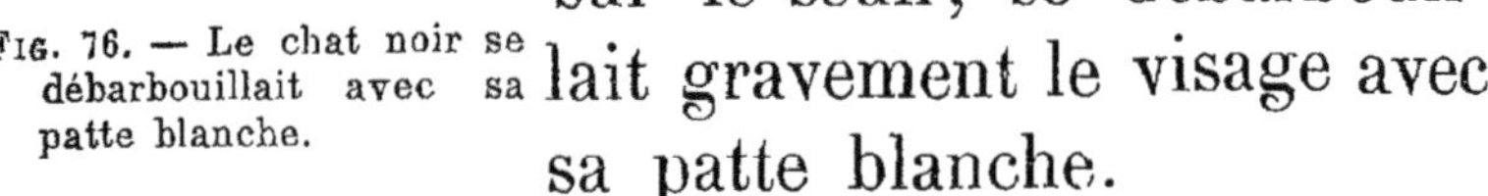

Fig. 76. — Le chat noir se débarbouillait avec sa patte blanche.

Maximes. — 1. Propreté *donne* vigueur *et* santé.

2. *Voulez-vous savoir si un peuple est* civilisé : *demandez s'il dépense beaucoup de savon.*

---

1. *Crème ?* couche jaune et sucrée qui monte à la surface du lait quand on le laisse reposer. | Comment on fait le beurre.

**Programme d'hygiène et de morale :** « la *propreté.* » — 2. La propreté est-elle un devoir? | La propreté est-elle bonne pour la santé des animaux? | Pour la santé des hommes? | Soins de propreté qu'on doit prendre en se levant.

# 23. — Savoir se taire : le petit chien et le dogue (FABLE).

1 Un dogue vigoureux sommeillait dans sa 2 niche ; près de lui était accroupi un petit chien.

Quelqu'un vint à passer : aussitôt le petit chien se précipita entre les jambes du promeneur, aboyant et criant. Le dogue ne dit mot.

FIG. 77. — Le dogue est dans sa niche avec le petit chien.

D'un coup de pied, l'homme se débarrassa du petit chien ; mais, une fois arrivé près de la niche du dogue, il fit un sage détour et passa de l'autre côté.

Le petit chien s'en revint, l'oreille basse, auprès 3 de son majestueux camarade, qui lui grommela à l'oreille :

FIG. 78. — D'un coup de pied, l'homme se débarrassa du petit chien.

---

23ᵉ RÉCIT. — **Programme de sciences élémentaires et de grammaire :** — **1.** *Dogue ?* gros chien de garde (mot venu de l'anglais). — **2.** *Niche ?* cabane où couche un chien. | Se dit aussi du renfoncement laissé dans les murs des édifices pour y placer une statue. — **3.** *Grommeler ?* dire quelque chose entre les dents. | Conjuguer *grommeler* ou *chanceler* (je chancelle, nous chancelons, etc.).

« Crois-tu donc, en criant si fort, te faire mieux respecter? On ne juge point les gens sur ce qu'ils¹ disent, mais sur ce qu'ils peuvent faire. »

FIG 79. — En apercevant le dogue, l'homme fit un sage détour.

MAXIME. — *Ce qui donne du prix aux paroles de quelqu'un, c'est son* caractère. ²

## 24. — Les pommes brûlantes. — L'intérieur de la terre et la chaleur centrale. — Les volcans. — Le Vésuve, l'Etna et l'Hécla.

On était à la fin du dîner. Amédée racontait à son père ce qu'il avait lu dans son livre de classe :

« Le livre, disait-il, raconte que l'intérieur

---

**Programme de morale :** « *silence et discrétion* ». — **1.** Sur quoi juge-t-on les gens? — **2.** *Caractère?* nature morale. | Expliquer les expressions : *caractère faible,* | *énergique,* | *doux,* | *violent,* | *débonnaire,* | *sans honorabilité,* etc.

**Programme de récitation :** — Faire apprendre les vers suivants :

### La discrétion.

Ne vous laissez jamais aller au bavardage,
Ne parlez qu'à propos : quand on parle toujours,
On ennuie, on déplaît, et, dans son verbiage,
Pour un mot raisonnable on tient cent sots discours.

MOLIÈRE *.

QUESTIONS SUR L'EXERCICE DE MÉMOIRE : *Molière* *? — *Verbiage?* défaut de celui qui parle beaucoup pour ne rien dire de bon.

de la terre est brûlant; comment cela peut-il se faire? »

A ce moment on apportait le dessert : quatre belles pommes cuites au four. La mère prit une pomme, le père une autre.

FIG. 80. — C'était la fin du dîner et on apportait le dessert.

Le frère d'Amédée, le petit Marc, qui était très gourmand, saisit la plus grosse des deux qui restaient, la porta vite à sa bouche et mordit à même.

Il la lâcha presque aussitôt en criant : la pomme avait l'air presque

FIG. 81.

Le petit Marc saisit la plus grosse pomme et mordit à même.

FIG. 82.

Il la lâcha presque aussitôt en criant.

refroidie lorsqu'on la tâtait avec le doigt ; mais l'intérieur en était encore bouillant, et Marc s'était brûlé la bouche.

On rit de la mésaventure du gourmand ;

24ᵉ RÉCIT. — **Programme de sciences élémentaires et de grammaire:** — **1.** *Dessert ?* le dernier service, les derniers mets d'un repas, qui sont d'habitude des friandises. | Mots parents ? *desservir, desserte,* etc. — **2.** *Four :* comment un four est-il construit ? | Principal usage des fours ? — **3.** *Mésaventure ?* aventure fâcheuse. | Autres mots *composés* où la particule *mé* exprime quelque chose de mauvais ?

mais le père, montrant la pomme qui avait roulé dans l'assiette de Marc :

« Regardez cette pomme, mes enfants ; vous avez là en petit l'image de la terre. La pomme de Marc va justement vous faire comprendre ce que vous voulez savoir.

« Comme la pomme, la terre est ronde ; [1] comme elle, la terre est refroidie à la sur- [2] face, et on ne peut pas s'apercevoir en marchant de la chaleur intérieure.

— Tiens ! interrompit le petit Marc, une mouche qui vient de se poser sur ma pomme !

— Nous autres hommes, reprit le père, nous ressemblons à cette mouche, et nous ne nous doutons pas plus qu'elle de la chaleur qui existe à l'intérieur de la terre. Pourtant les savants ont reconnu depuis longtemps l'existence de cette chaleur, et c'est ce qu'ils ont appelé le *feu central* ; mais, à vrai dire, ce n'est pas du feu. Au dedans, [3] la terre est seulement pâteuse et brûlante comme l'intérieur de la pomme. Si nous creusions un trou de 30 mètres dans la terre, [4] nous trouverions déjà qu'il fait légèrement plus chaud qu'à la surface. En descendant plus bas,

---

Méfait, médisance, mésintelligence, mésestime, mésalliance, etc. — 1. Forme de la terre ? — 2. La terre est-elle refroidie à la surface ? — 3. Est-elle aussi refroidie partout à l'intérieur ? — 4. De quoi

nous éprouverions bientôt le besoin de nous
¹ mettre à demi-nus, comme font les mineurs. A
1500 mètres de pro-
fondeur, nous aurions
peine à vivre.

« Maintenant, si
nous pouvions creuser
en certains endroits
un trou très profond,
très profond, savez-
vous ce qui arriverait?

Fig. 83. — Les mineurs travaillent à
demi-nus, à cause de la chaleur de
la terre.

Non ! Regardez la pomme de Marc.

« Par les trous qu'ont creusés ses petites
dents, on voit sortir de la fumée, et en
même temps une sorte de jus brûlant qui
découle tout le long de la pomme. C'est
justement ce qui
arriverait si les
dents de notre
gourmand étaient
assez aiguës pour
percer la terre.

« Dieu merci,
elles ne le sont
pas, et malgré

Fig. 84. — Un volcan : le **Vésuve**.

cela il s'est produit naturellement dans la

s'aperçoit-on dès qu'on s'enfonce d'une trentaine de mètres dans la
terre ? — 1. *Mineurs ?* ] Travail des mineurs ?

terre, surtout au bord de la mer, de petites fentes comme celles qu'il a faites à la pomme. Ces petites fentes, ce sont les bouches

Fig. 85. — Un autre volcan : l'**Etna**.

ou *cratères* des volcans; par les bouches des volcans il sort de la fumée et aussi une sorte de pâte brûlante qu'on appelle *lave.*

— Alors, dit Amédée, les dents de Marc ont fait des volcans sur la pomme ?

— Justement, dit le père, et il y en a trois comme en Europe; voici le *Vésuve,* l'*Etna* un peu plus bas et, dans le haut, l'*Hécla.*

Fig. 86. — Un autre volcan : l'**Hécla.**

« Décidément, Marc, tu as la terre dans ton assiette. Eh bien, elle doit à présent s'être assez refroidie; dépêche-toi de la manger, et tu me rediras après le dîner tout ce que je viens de t'apprendre. »

---

**Géographie :** — 1. Nom de la bouche des volcans ? — 2. *Lave ?* sorte de pâte brûlante qui sort des volcans et qui forme sur leurs flancs des ruisseaux de feu. | *Volcan ?* montagne d'où s'échappe par intervalles de la lave, ainsi que de la fumée, de la cendre, des gaz asphyxiants, des pierres. — 3. Principaux volcans d'Europe.

## 25. — Les conséquences du mensonge.

Lorsque Pierre avait fait une sottise — et il en faisait souvent — il manquait de courage pour l'avouer ; il avait plusieurs fois laissé lâchement accuser les autres, de peur d'être puni ; aussi personne ne l'aimait et on l'appelait tout haut le menteur.

Un jour un voisin vint se plaindre de ce que Pierre lui avait dérobé les plus beaux fruits de son verger.

« Hier soir, dit le voisin, j'ai entendu du bruit dans mon jardin ; je suis accouru ; le voleur s'est sauvé, mais, malgré la nuit, je crois l'avoir reconnu à sa taille : ce devait être votre fils. »

FIG. 87. — « Hier soir, j'ai entendu du bruit dans mon jardin ; je suis accouru. »

Pierre, interrogé, protesta de son innocence ; mais ni son père ni le voisin ne voulurent

25ᵉ RÉCIT. — **Programme d'horticulture :** — 1. *Verger?* lieu planté d'arbres fruitiers. | Qu'appelle-t-on *horticulture?* partie de l'agriculture qui s'occupe des jardins et des vergers. | Principaux arbres à fruits.

**Programme de grammaire :** — 2. *Protester?* affirmer une chose contre le dire d'autrui.

le croire, car les menteurs perdent vite la confiance de tout le monde.

Pierre fut donc sévère-ment puni, quoiqu'il se trouvât cette fois innocent. Mais le plus triste, c'est que le bruit de son aventure se répandit dans le village.

Fig. 88. — Pierre eut beau protester de son innocence, il fut sévèrement puni.

Le lendemain, quand il arriva de bonne heure à l'école, tous ses petits camarades chu-[1] chotaient entre eux, et il entendit les noms de gourmand, de men-teur et surtout de voleur.

Fig. 89. — Quand Pierre arriva à l'école, il entendit tous ses cama-rades chuchoter en le regardant.

Seul, un de ses camarades, Claude, ne disait rien. Il devenait tour à tour très pâle et très rouge.

Enfin le bruit cessa, car le maître d'é-cole entrait ; il jeta un regard sévère à Pierre qui tâchait d'étouffer ses pleurs. [2]

Mais alors l'autre enfant, tout pâle, se leva. — « J'ai quelque chose à dire, » s'écria-t-il, et sa voix tremblait.

---

**Grammaire :** — 1. *Chuchoter?* parler à voix basse à l'oreille de quelqu'un. — 2. *Étouffer ses pleurs?* les retenir.

— Parle, Claude, répondit le maître.

— Eh bien, reprit Claude, le voleur et le gourmand, ce n'est pas Pierre, c'est moi ; et c'est moi qu'il faut punir...

FIG. 90. — L'autre enfant, tout pâle, se leva.

Les enfants et le maître lui-même furent bien étonnés. Quant à Pierre, on pense s'il était heureux de voir son innocence reconnue.

Pourtant il se dit en lui-même :

« Claude, malgré sa gourmandise, est peut-être encore meilleur que moi, car il a eu le courage d'avouer sa faute devant tous. Tout le monde le croira désormais quand il dira quelque chose, et moi, si l'on m'accusait encore demain d'une nouvelle faute, il me serait aussi impossible qu'aujourd'hui de faire reconnaître que je suis innocent.

FIG. 91. — Pierre courut l'embrasser et demanda grâce pour lui.

« *Je ne veux plus jamais mentir.* »

---

**Programme de morale :** « *Mettre au-dessus de tout la franchise.* »
— **1.** Lorsqu'on a menti une première fois à quelqu'un, vous croit-il

Il courut embrasser Claude, et il demanda grâce pour lui.

Maxime. — *La* sincérité *nous donne la* [1] confiance *de tous.*

## 26. — Traitons les domestiques comme des égaux.

Mariette était servante dans une ferme.
Elle s'était levée à la petite pointe du [2]

Fig. 92. — Mariette avait travaillé depuis la pointe du jour à faner les foins.

jour, et depuis ce temps elle avait travaillé à faner les foins [3] et à les rentrer.

Le soir, elle était bien lasse ; cependant, comme c'était une fille courageuse, elle prit son balai de bruyère [4] et se mit à nettoyer la cour de la ferme. [5]

désormais ? — **1.** Qu'est-ce qui nous donne la confiance de tous ?
· 26ᵉ Récit. — **Programme de sciences élémentaires : — 2.**
*Pointe du jour ?* moment où le jour commence à peine à paraître,
n'est qu'un point blanc dans la nuit. | Autres noms par lesquels on
désigne le lever du soleil ? *Aube, aurore.* — **3.** *Foin ?* herbe fauchée et
séchée. | Comment s'appelle la récolte du foin ? *fenaison.* | A quoi sert
le foin ? — *Faner ?* étaler et retourner le foin avec une fourche pour
le faire sécher. — **4.** *Bruyère ?* où croît-elle d'habitude ? | Est-elle
utile pour fertiliser le sol des landes ? | Qu'est-ce que la *terre de
bruyère ?* — **5.** *Cour :* chercher les différents sens de ce mot dans

Mais ses deux bras étaient tout engourdis, et jamais la cour ne
lui avait paru si grande.

La petite fille de la
maison, Louise, jouait
dans cette même cour,
car c'était jeudi. Elle
s'aperçut de l'air fatigué
de Mariette. Vite elle
courut chercher un autre
balai ; puis, elle aussi, de

Fig. 93.— Le soir, elle voulut encore nettoyer la cour ; mais ses
deux bras étaient tout engourdis.

toute la force de
ses petits bras, elle se
mit à balayer la cour.

Mariette s'arrêta, sur-
prise. « Que faites-vous
donc là, Louise? dit-elle.

— Je vous aide, dit
la petite. Voyez-vous, je
balayerai tout ce côté
de la cour ; vous ba-

Fig. 94. — La petite fille de la
maison courut chercher un autre
balai.

layerez l'autre, nous nous rencontrerons au
milieu, et vous aurez fini moitié plus vite.

— Mais, mademoiselle, reprit Mariette, ce
n'est pas votre ouvrage, à vous, de balayer
la cour. »

La petite fille leva sur Mariette ses doux

ces expressions : la *cour d'un prince*, la *cour de justice, faire sa cour
à un grand personnage,* etc.

yeux d'enfant, qui avaient une expression sérieuse.

« Si j'avais été pauvre comme vous, dit-elle, on m'aurait placée comme vous, et il y eût eu des jours où j'aurais été bien lasse, moi aussi ; ces

FIG. 95. — « Si j'avais été pauvre comme vous, on m'aurait placée comme vous. »

jours-là, j'aurais été tout heureuse si la petite fille de la maison avait fait un peu de ma besogne. Eh bien, je vous aide, voilà. »

Marie s'était approchée de l'enfant, elle l'embrassa sur les deux joues. Et le bon baiser

FIG. 96. — Le bon baiser de la servante parut meilleur à l'enfant que celui de la plus belle dame.

retentissant de la servante aux joues hâlées parut meilleur à l'enfant que celui de la plus belle dame au teint blanc.

MAXIME. — *Vous êtes riche aujourd'hui ; vous*

---

**Programme de grammaire :** — 1. Qui avaient une *expression sérieuse ?* où on lisait des idées sérieuses, et non enfantines. — 2. *Placée :* quel est ici le sens de ce mot ? Placée en service comme domestique. | Conjuguer au tableau *placer.* — 3. *Hâlé ?* bruni et fané par le soleil.

**Programme de morale :** « *Devoirs envers les domestiques ; noblesse du travail manuel.* » — 4. Les domestiques sont-ils nos égaux ? | Comment devons-nous les traiter ?

*pouvez être pauvre demain : tâchez de* **rester** toujours bon et juste.

## 27. — L'honnêteté. — Respect du bien d'autrui.

1 Jacques le pêcheur, debout près de la rivière, retirait son filet de l'eau.

Au fond du filet, il 2 aperçut une énorme carpe qui bondissait très haut, en donnant de grands coups de queue. Jacques avait peur qu'elle ne finît

Fig. 97. — Jacques le pêcheur retirait son filet de l'eau.

par sauter en dehors du filet, car, alors, adieu la belle pêche !

Pourtant il parvint à 3 attirer sans encombre le 4 filet sur la berge ; il se saisit de la carpe, et la voilà enfermée dans son

Fig. 98. — Il se saisit de la carpe et la mit dans son panier.

panier.

Pendant ce temps, tout occupé du gros

---

27ᵉ Récit. — **Programme de sciences élémentaires et de grammaire :** — **1.** *Pêcheur?* de *pêche.* | Les deux principaux genres de pêche? *pêche à la ligne* et *pêche au filet.* | En quoi sont faits les filets en ficelle de chanvre. | Y a-t-il des époques où la pêche est défendue?— **2.** *Carpe?* l'un des principaux poissons de rivière. — **3.** *Sans encombre?* sans empêchement. — **4.** *Berge?* bord d'une rivière qui se

poisson, il n'avait pas seulement vu une modeste tanche qui venait de glisser hors du filet; sautillante, argentée aux rayons du soleil couchant, elle rampait dans les joncs de la rive.

Le petit Paul, qui passait, l'aperçut; en deux bonds il l'eut rejointe et la saisit par la queue.

Fig. 99. — Le petit Paul saisit par la queue une tanche qui s'était échappée.

Paul était pauvre; dans la petite maison de sa famille on n'avait pas toujours grand'-chose à manger avec le pain bis; aussi regardait-il avec envie la tanche échappée du filet.

Justement le pêcheur s'en allait avec la grosse carpe dans son panier, sans voir l'enfant.

Fig. 100. — « Cette tanche ne m'appartient pas », se dit Paul, et il courut après le pêcheur.

« N'importe, se dit Paul; cette tanche ne m'appartient pas, elle est au pêcheur qui, depuis ce matin, guette les poissons sur la rive et qui l'a retirée dans son filet. La garder, ce serait voler. »

---

relève au-dessus du niveau de l'eau. — 1. *Tanche?* petit poisson d'eau douce, très voisin du goujon. — 2. *Ramper?* se traîner sur le ventre. Cherchez un substantif qui vient de ramper? *Rampe*, balustrade d'appui qui semble s'élever en « rampant » le long des escaliers. — 3. *Bond?* saut. — 4. *Pain bis?* pain de couleur grise, qui n'est pas fait avec la pure farine de blé.

**Programme de morale:** « *Respect du bien d'autrui.* »—5. Doit-on

Et, courant aussitôt après le pêcheur :

« Monsieur Jacques, cria-t-il, voici un poisson qui vous a échappé; je l'ai rattrapé dans l'herbe. »

Jacques s'était retourné, il sourit à l'enfant :

« Tu es un brave garçon, lui dit-il; sans toi le poisson eût été perdu. Garde-le, je te le donne. »

L'enfant remercia Jacques. Il partit, tenant toujours son poisson par la queue, et il se disait :

« Le pêcheur est bien bon de m'avoir récompensé pour n'avoir fait que mon devoir. »

Le soir, sa mère fit griller la tanche, et, quoiqu'elle fût bien petite, on la partagea en trois, pour que chacun en eût sa part.

Fig. 101. — Le soir, sa mère fit griller la tanche donnée par le pêcheur.

Maxime. — *Entre* ton bien *et* celui d'autrui, *qu'il y ait toujours une muraille.*

---

garder un objet trouvé? — 1. Doit-on esperer une récompense quand on n'a fait que son devoir?

**Programme de récitation :** — Faire apprendre ces vers sur l'oiseau pêcheur, le héron :

### Le héron.

Un jour, sur ses longs pieds, allait je ne sais où
Le héron au long bec emmanché d'un long cou :
    Il côtoyait une rivière.
L'onde était transparente ainsi qu'aux plus beaux jours :
Ma commère la carpe y faisait mille tours
    Avec le brochet son compère.

## 28. — Les merveilles de la nature. — Histoire d'une motte de terre. — Minéraux, végétaux, animaux.

Il y avait sur la route une grosse motte de terre ; certes cette terre ne vivait pas, ne sentait pas : c'était un *minéral*.

Un enfant s'est amusé à écraser cette terre

Fig. 102. — Un minéral: une motte de terre qu'un enfant écrase.

sous son pied, et il en a jeté la poussière dans le champ voisin. Qu'est devenue cette poussière ?

Une plante a sucé avec sa racine les petits grains de poussière ; elle a pris le meilleur de ce qu'il y avait dans cette terre, qui est devenue une tige de sainfoin aux fleurs rouges.

---

Le héron en eût fait aisément son profit :
Tous approchaient du bord ; l'oiseau n'avait qu'à prendre,
   Mais il crut mieux faire d'attendre
   Qu'il eût un peu plus d'appétit.....
              LA FONTAINE *.

QUESTIONS SUR L'EXERCICE DE MÉMOIRE. — *La Fontaine* * ? — *Le héron ?* — *Côtoyer ?* — *Ma commère ?* — *Carpe ?* — *Brochet ?* — Faire deviner aux enfants la fin de la fable et leur faire tirer la morale.

28e RÉCIT. — **Programme de sciences élémentaires et de grammaire :** — **1.** *Motte de terre ?* petite masse de terre détachée par la bêche ou la charrue (*Rouleau brise-mottes*). — **2.** *Minéral ?* corps qui ne vit ni ne sent. | *Eaux minérales ?* eaux chargées de sels qui se trouvent dans la terre. | Citez des minéraux. | Cherchez des mots parents, *mine, minéralogie, minerai.* — **3.** *Sainfoin ?* plante excellente pour

Quel changement, de la motte de terre au
1 *végétal!*

Le végétal vit, il aspire
l'eau du ciel et les sucs
de la terre, il pousse, il
fleurit ; seulement il est
toujours attaché au sol,
il ne peut pas bouger, et
il ne sent rien ; c'est là ce
2 qui le distingue de l'animal.

Mais l'histoire n'est pas
3 finie. Un lapin a passé dans
le champ où poussait le
sainfoin appétissant. En
trois coups de dents, la
plante a été dévorée.

Et maintenant, qu'est-
elle devenue dans le corps
du petit lapin aux longues
oreilles ? Elle a formé
4 quelques gouttes de sang ; un peu plus tard,

Fig. 103. — Un **végétal** : une
tige de sainfoin.

Fig. 104. — Un animal : le
lapin broutant la tige de
sainfoin.

le fourrage, aux fleurs blanches ou rouges. | Cherchez d'où vient ce
mot ? (foin sain.) — **1.** *Végétal?* corps qui vit, grandit et meurt,
mais ne change pas de place. | Citez des végétaux. | De quoi se nour-
rissent les végétaux ? — **2.** *Animal ?* être « animé, » c'est-à-dire vivant
et sentant. | Qu'est-ce qui distingue les végétaux des animaux ? l'im-
mobilité et l'insensibilité. — De quoi se nourrissent les animaux ? —
**3.** *Lapin ?* espèce du genre lièvre. | Le lapin s'apprivoise-t-il ? |
Qu'est-ce qu'une *garenne ?* — **4.** *Sang ?* liquide qui circule dans le
corps des animaux, qui les nourrit et se transforme en chair, en os, etc.
| Couleur du sang ? rouge chez les animaux vertébrés, rougeâtre, vert,

elle est devenue chair. En vérité, elle fait maintenant partie du lapin, elle fait partie d'un animal ; avec lui, elle va, vient, bondit dans l'herbe.

*Minéral, végétal, animal,* voyez par quelles conditions diverses est passée la motte de terre qui gisait sur le chemin.

Fig. 105.—La tige de sainfoin a formé quelques gouttes de sang ; elle fait maintenant partie du **lapin**, qui bondit dans l'herbe.

MAXIME. — *Tout est* **merveilleux** *dans la nature, les* **petites** choses *comme les* **grandes.**

## 29. — La volonté de s'instruire.

Il y avait à Paris une pauvre femme qui vendait des fruits et des légumes.

Sa petite fille Pauline l'aidait au magasin, mais la mère n'avait pas le moyen de l'envoyer à l'école, car l'instruction n'était pas encore gratuite et obligatoire.

---

jaune ou bleu chez les autres. | Nom des conduits dans lesquels le sang circule ? *artères* et *veines.*

**Programme de morale :** — 1. La nature ne renferme-t-elle pas des merveilles ? | L'admire-t-on davantage à mesure qu'on la connaît mieux ?

29ᵉ RÉCIT. — **Programme de grammaire :** — 2. *Magasin?* endroit où l'on garde et où l'on vend des marchandises. | Comment désigne-t-on un petit magasin ? Boutique. | Une boutique où l'on vend des fruits ? *fruiterie.* | Les grands magasins où, dans les ports de mer, on dépose les marchandises ? *entrepôts* ou *docks.* — 3. *Envoyer ?* conju-

La petite fille aurait pourtant bien voulu s'instruire ; mais comment faire ? Elle ne savait même pas toutes ses lettres, et sa mère, presque aveugle, ne pouvait les lui montrer.

Fig. 106. — La petite Pauline aidait sa mère dans le magasin, sans pouvoir aller à l'école.

Pauline avait bien un 1 vieil alphabet déchiré. Le soir, elle passait des heures entières à regarder les lettres de l'alphabet ; mais ces lettres dansaient devant ses yeux et n'avaient point de sens pour elle, puisqu'elle ne savait pas laquelle était le B, le D ou le C.

C'est alors qu'elle enviait votre sort, petits écoliers, vous à qui un maître a la patience de montrer une à une, sur un grand tableau, les lettres grossies de l'alphabet.

Fig. 107. — Le soir, elle passait des heures entières à regarder les lettres de son alphabet.

Un jour que Pauline gardait le petit magasin de sa mère, elle avait encore atteint son alphabet. Une dame entra pour acheter des légumes ; Pauline, après l'avoir servie, eut une

---

guer ce verbe avec son orthographe. — 1. *Alphabet ?* livre qui contient toutes les lettres d'une langue : « *alpha* » était la première lettre de la langue grecque et « *béta* » la seconde.

bonne idée : « Madame, demanda-t-elle en apportant son alphabet, nommez-moi, je vous en prie, les deux ou trois premières lettres. »

Fig. 108. — « Madame, nommez-moi, je vous prie, les premières lettres de l'alphabet. »

La dame ne demanda pas mieux, et la petite fille, à partir de ce jour, interrogea les personnes qui venaient à la boutique. Elles refusaient rarement de l'aider ; il y avait même de bonnes dames qui s'arrêtaient pour lui donner une courte leçon.

Pendant ce temps-là, comme elle était attentive ! Elle ne perdait pas une parole ; mais c'était bien long et bien difficile d'apprendre ainsi. A force de persévérance elle apprit pourtant à lire. Bientôt après, elle savait écrire. Enfin, avec l'aide de sa mère, elle apprit à très bien compter.

Fig. 109. — Bientôt après, elle apprit à écrire.

Aujourd'hui elle tient la boutique de sa mère, qu'elle a agrandie. Elle s'est mariée, elle a des enfants ; ses petites filles et ses petits garçons,

---

1 qui savent l'histoire de leur mère, s'estiment bien heureux de pouvoir chaque jour aller à l'école et apprendre facilement à la voix du maître.

2 MAXIME. — L'instruction *est la première des* richesses.

## 30. — Pitié et courage. — La petite fille égarée.

Un soir, le jeune Antoine revenait de l'école, 3 qui se trouvait assez loin du hameau où il habitait. On était en hiver, et tout à coup 4 un brouillard épais enveloppa la terre.

Antoine avait peine à retrouver sa route. 5 Tandis qu'il marchait en tâtonnant, il lui sembla entendre à sa droite, dans un champ, des cris et des plaintes.

Il s'arrêta, mais ne put rien voir dans le brouillard épais; alors il prit peur et fut sur 6 le point de se sauver à toutes jambes.

FIG. 110. — Il lui sembla entendre à sa droite, dans un champ, des cris et des plaintes.

Mais une pensée généreuse l'arrêta.

---

1. Doit-on s'estimer heureux de pouvoir aller à l'école? — 2. Quelle est la première des richesses ?

30e RÉCIT. — **Programme de grammaire et de sciences élémentaires :** — 3. *Hameau ?* assemblage de maisons sans mairie et sans église paroissiale. — 4. *Brouillard ?* vapeur qui se répand dans l'air et qui l'obscurcit. Les nuages ne sont que des brouillards plus élevés. — 5. *En tâtonnant ?* en avançant les mains pour « tâter » les obstacles. — 6. *A toutes jambes ?* aussi vite que ses jambes le permettaient.

4.

« Il y a là, se dit-il, quelqu'un qui souffre et qui appelle ; si je pouvais lui servir à quelque chose ! Allons voir. »

Et l'idée de se rendre utile redonna tout son courage au petit garçon.

Les gémissements continuaient toujours. Antoine se dirigea vers l'endroit d'où ils partaient ; son cœur battait bien fort. Il reconnut vite une voix d'enfant, et, en avançant, il trouva une petite fille étendue par terre.

Fig. 111. — Il trouva une petite fille étendue par terre.

Le brouillard avait surpris la petite fille sur la route, elle s'était trompée de chemin, s'était égarée au milieu des champs ; puis, ayant rencontré un fossé, elle était tombée et s'était blessé le front contre une pierre.

Antoine lava avec l'eau du fossé le front de la petite fille qui saignait ; puis il la releva, l'encouragea et la ramena au hameau en la tenant par la main.

Fig. 112. — Il lava le front de la petite fille, qui saignait.

Les parents de la petite fille remercièrent Antoine, qui s'en alla le cœur content.

---

**Programme d'hygiène :** — 1. Soins à donner aux *blessés* ? lorsque le sang coule, quelle est la première chose à faire ? laver la blessure à l'eau fraîche.

1 Maxime. — *N'ayez jamais peur, même un instant, lorsqu'il s'agit de* rendre un service *à quelqu'un.*

## 31. — Les enfants du fermier. — Ce qui fait le bonheur de la famille.

Prosper était le fils d'un fermier.

2 Un dimanche d'été, le propriétaire de la ferme vint pour la visiter, dans une belle voiture ; il amenait avec lui son petit garçon, vêtu à la mode de la ville.

Ce petit garçon s'ennuya bientôt tout seul, et on appela Prosper pour s'amuser avec lui.

Prosper joua donc toute la journée avec l'enfant 3 riche. Celui-ci lui montra ses nombreux jouets : un joli cerceau à clochettes et un gros ballon qui bondissait et rebondissait sans fin.

Fig. 113. — Le propriétaire de la ferme vint la visiter, dans une belle voiture.

**Programme de morale :** « *Pitié et courage* ». — **1.** Est-il raisonnable d'avoir peur dans l'obscurité? | De se sauver quand on entend appeler au secours? | D'hésiter à rendre un service quand on peut le faire?

31ᵉ Récit.— **Programme de grammaire et de sciences élémentaires :** — **2.** *Propriétaire?* celui qui possède en *propre* quelque chose, surtout de la terre ou des maisons. | Différence entre le *propriétaire* et le *locataire* ou *fermier?*—**3.** *Jouet:* cherchez un verbe parent de ce mot? Conjuguez *jouer* au subjonctif. | Expliquez ces expressions: *jouer des jambes, jouer quelqu'un, jouer de bonheur, jouer de malheur.*

Le soir, quand l'enfant riche fut parti, les frères et les sœurs de Prosper accoururent et lui dirent :

« Est-il heureux, ce petit garçon, qui a de si beaux habits et tant de jouets !

— Mais, répondit Prosper, vous voyez bien qu'il n'est pas si heureux, puisqu'il s'ennuie avec tous ces beaux jouets et qu'il a eu besoin de moi pour lui tenir compagnie. Moi aussi, je m'ennuierais si j'étais seul ; mais je ne m'ennuie jamais, parce que je suis avec vous tous et que nous nous aimons tous les uns les autres.

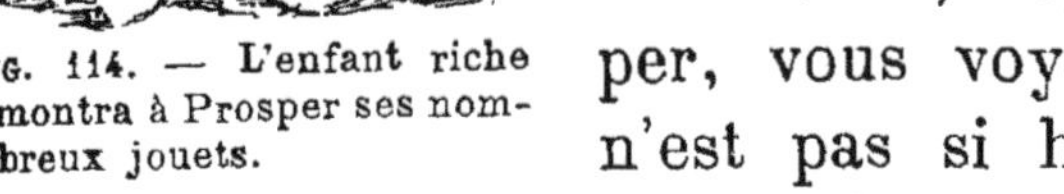

FIG. 114. — L'enfant riche montra à Prosper ses nombreux jouets.

« Puis, cet enfant riche n'a que son père et sa mère ; nous, nous avons ici nos chers grands-parents. Cela fait comme si nous avions deux pères et deux mères à aimer ensemble. »

FIG. 115.— « Que nous sommes heureux d'être tous ensemble », pensaient les frères et les sœurs en formant une grande ronde.

Les frères et les sœurs de Prosper trouvèrent

---

**Programme de grammaire :** — **1.** *Tenir compagnie?* rester avec quelqu'un pour l'empêcher de s'ennuyer.

**Programme de morale :** « *Amour de la famille, amour filial.* » — **2.** Est-ce un devoir d'aimer ses frères? — **3.** D'aimer ses grands-parents ? | De les respecter? | De leur obéir?

qu'il avait raison, et, se prenant par la main, ils formèrent une grande ronde.

Tout en sautant au clair de lune, ils pensaient :

« Quel plaisir d'être tous ensemble ! Que nous sommes heureux ! »

MAXIMES. — **1. Ce qui rend heureux, ce n'est pas d'être riche** *et d'avoir de beaux jouets, c'est d'être entouré de cœurs qui vous aiment.*

**2.** *Les* **plus** **pauvres** *peuvent donc être aussi* **heureux** *que les plus riches.*

---

**Programme de morale :** — 1. Suffit-il d'être riche pour être heureux ?

**Programme de récitation :** — Faire apprendre ces vers sur le bonheur de la vie aux champs :

### Aux enfants des campagnes.

Enfants, aimez les champs, les vallons, les fontaines,
Les chemins que le soir emplit de voix lointaines,
Les cent fleurs du buisson, de l'arbre, du roseau,
Qui rendent en parfums ses chansons à l'oiseau.
Prenez-vous par la main et marchez dans les herbes ;
Regardez ceux qui vont liant les blondes gerbes.
Unis contre le mal où l'âme se corrompt,
Lisez au même livre en vous touchant du front.
La vie, avec le choc des passions contraires,
Vous attend ; soyez bons, soyez vrais, soyez frères.

V. HUGO*.

QUESTIONS SUR L'EXERCICE DE MÉMOIRE. — *Vallons ? — Roseau ? —* Expliquez le quatrième vers, le sixième, le huitième. — *Passion ?* mouvement de l'âme, comme un désir violent, un sentiment de colère, etc. — *Soyez vrais ?* soyez sincères, véridiques.

## 32. — Envie et jalousie.

Albert avait un grand défaut, il était d'un caractère envieux. Si par hasard sa mère donnait à sa petite sœur une caresse ou un sourire de plus qu'à lui, il se mettait sottement à bouder.

Fig. 116. — Si on donnait à sa sœur une caresse de plus qu'à lui, Albert boudait sottement.

Un jour Albert fut envoyé en commission chez une voisine. C'était une vieille dame qui avait habité les Antilles* et qui en avait rapporté un joli petit singe à longue queue.

Quand Albert entra, elle caressait son petit singe.

Fig. 117. — Le singe de la vieille dame.

Comme elle aimait les enfants, elle fit bon accueil à Albert ; elle l'embrassa ; puis, laissant son singe de côté, elle alla prendre dans le buffet un morceau de brioche qu'elle tendit au petit garçon.

Albert, tout joyeux, avança

<hr>

32e Récit. — **Programme de grammaire et de sciences élémentaires :** — 1. *Les Antilles* : que savez-vous sur l'archipel des Antilles? | Nom des deux îles que la France y possède? | capitale de la Guadeloupe? | de la Martinique?—2. *Singe?* animal à quatre mains ou *quadrumane*, qui vit sur les arbres. — 3. *Accueil?* façon dont on reçoit quelqu'un. | Verbe de même origine : *accueillir*. — 4. *Buffet?* armoire où l'on ramasse la vaisselle et les mets. — *Brioche?* gâteau fait avec de la farine, du beurre et des œufs

la main vers la brioche dorée, sans s'apercevoir que le singe, accroupi
dans un coin, grondait en
montrant ses dents aiguës.

Tout d'un coup le singe
bondit sur les épaules du petit
garçon et le saisit par les
cheveux, qu'il arracha à poi-
gnées.

Fig. 118. — Albert prit la
brioche, sans voir le singe
qui grondait.

Le pauvre enfant poussait
des cris de douleur; il courut se jeter dans les bras
de la vieille dame, qui eut
beaucoup de peine à faire
lâcher prise à son singe.

— Mais pourquoi donc, ma-
dame, dit Albert tout tremblant, votre singe veut-il me

Fig. 119. — Le singe bondit
sur ses épaules et se mit à
lui arracher les cheveux.

faire du mal, à moi qui ne lui ai jamais rien
fait?

— Ah! mon enfant, répondit la voisine, les
singes sont d'un caractère jaloux; voyez quelle
grimace il vous fait encore; il ne peut pas
souffrir que je montre de l'affection à d'autres
qu'à lui; aussi personne ne l'aime, excepté
moi qui lui pardonne, car c'est un animal et
il ne sait pas ce qu'il fait.

---

**Programme de grammaire :** — 1. *Bondir?* s'élancer en un seul
saut. | Cherchez des animaux qui bondissent? le *chat* et tous les
*félins.*

Albert baissa la tête, et revint chez lui tout pensif.

Il trouva sa mère qui faisait sauter sa petite sœur sur ses genoux.

Vite il courut embrasser sa sœur, puis il passa ses deux bras autour du cou de sa mère :

« Mère, dit-il, je ne veux plus ressembler au vilain singe de la voisine ; je ne veux plus être jaloux, ni de

FIG. 120. — « Mère, je ne veux plus ressembler au singe ; je ne veux plus être jaloux. »

ma chère petite sœur, ni de mes camarades d'école, ni de personne, car la jalousie rend méchant et vous fait haïr de tout le monde. »

MAXIME. — *Soyez* content de vous-même, *vous serez* content des autres.

# 33. — Utilité de savoir lire. — Les deux fioles.

Le père de Thomas était au lit ; il avait pris un refroidissement en travaillant aux

---

**Grammaire :** — **1.** *Pensif ?* occupé d'une « pensée, » réfléchi.

**Programme de morale :** « *Envie et jalousie* ». — **2.** *Être d'un caractère jaloux ?* se trouver malheureux de ce qui arrive d'avantageux aux autres. — **3.** La jalousie rend-elle méchant ? | Devoir de ne pas jalouser ses camarades de classe.

33ᵉ RÉCIT. — **Programme d'hygiène :** — **4.** *Refroidissement ?* les refroidissements sont-ils dangereux ?

1 champs. — Le médecin lui ordonna deux mé-
2 dicaments que le petit Thomas courut vite chercher à la pharmacie du village et qu'il rapporta dans
3 deux fioles.

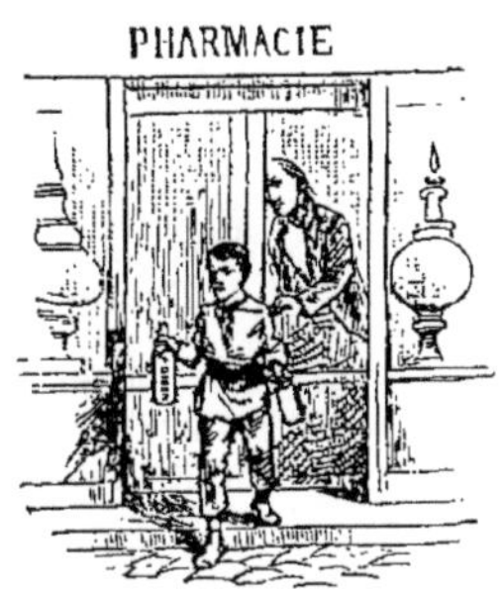



FIG. 121. — La **pharmacie** du village.

L'une des fioles contenait un sirop qui devait être pris
4 par cuillerée. — Dans l'autre il y avait une sorte d'huile noirâtre avec laquelle le père malade devait se frotter le corps. Sur cette seconde fiole on voyait collé un papier rouge, et sur le papier on lisait
5 ces mots : **Poison**, *pour l'usage* externe. Mais Thomas ne savait pas lire ; il n'avait pas appris ce que signifiait le papier rouge collé sur la fiole.

Lorsqu'il apporta les médicaments à son père, celui-ci souffrait tellement, qu'il n'eut pas la force de les regarder et qu'il dit à l'enfant :

---

**Programme d'hygiène :** — **1.** *Médecin ?* tout le monde peut-il, sans avoir étudié, exercer la médecine ? | Quelle est la partie de la médecine qui cherche à prévenir et à empêcher les maladies ? l'hygiène. — **2.** *Médicament ?* substance que le médecin ordonne pour combattre une maladie. — **3.** *Fiole ?* petite bouteille de verre mince. — **4.** *Cuillerée ?* ce qui tient dans une « cuiller. » | Orthographe de ce mot ? — **5.** Comment appelle-t-on les médicaments avec lesquels on doit se frotter seulement le corps ? *médicaments* pour l'usage *externe*. | Et ceux qu'on doit absorber ? Médicaments pour l'usage *interne*. — *Poison ?* substance capable de tuer ou tout au moins de rendre très malade. — Adjectif par lequel on désigne les choses qui empoisonnent ? *vénéneux*.

« Verse-moi une cuillerée de la potion. »

FIG. 122. — Thomas apporta une cuillerée de la fiole sur laquelle était écrit : **Poison**.

Thomas apporta une cuillerée de la fiole sur laquelle il y avait écrit : Poison. — Le père but la cuillerée précipitamment ; bientôt après il tomba dans un profond sommeil.

Thomas se réjouissait de le voir dormir ainsi ; mais son père ne se réveilla pas de toute la journée et, tout en dormant, il se plaignait.

FIG. 123. — Le père but la cuillerée, puis tomba dans un profond sommeil.

Quand le médecin revint le soir, il fut bien surpris de trouver son malade si profondément endormi ; il l'examina, puis courut vers la cheminée où se trouvait la fiole entamée.

« Malheureux enfant, s'écria-t-il, vous avez empoisonné votre père. »

FIG. 124. — « Vous avez empoisonné votre père. »

Vite le médecin desserra les dents du malade, et il lui fit prendre un contre-poison.

---

**Programme d'hygiène : — 1.** *Potion?* médicament liquide qu'on boit par cuillerée. — **2.** *Contre-poison?* médicament avec lequel on peut combattre l'effet de certains poisons ; comme le café, dont on se sert contre l'opium.

Le père faillit mourir ; il resta longtemps à se remettre. Pendant ce temps le pauvre Thomas était bien anxieux et bien désolé.

Lorsque le père fut remis et put enfin marcher, sa première sortie fut pour conduire le petit Thomas à l'école du village.

Fig. 125. — Le père remis, sa première sortie fut pour mener Thomas à l'école.

MAXIMES. — **1.** *L'ignorant s'expose à se* **faire du tort** *à soi-même et à en faire aux autres, même sans le vouloir.*

2. **2.** *L'ignorance n'est donc pas seulement une* honte, *c'est un* **danger.**

# 34. — Étudions pour connaître les merveilles de la science. — La petite fille et le rayon de soleil.

Jeanne venait de s'éveiller. Elle ouvrait les yeux, mais ne voyait rien dans sa chambre.

Tout d'un coup un rayon de soleil pénétra 3 à travers un trou du volet fermé : l'enfant, le

---

**Programme de grammaire :** — **1.** *Anxieux ?* très inquiet. | Substantif qui correspond à anxieux ? *anxiété.* — *Désolé ?* affligé, très triste. | Substantif correspondant ? *désolation.*

**Programme de morale :** « *Utilité de l'instruction* ». — **2.** Les ignorants peuvent-ils être dangereux ? | Devoir de s'instruire.

34ᵉ Récit. — **Programme de grammaire et de sciences élémentaires :** — **3.** *Volet ?* fermeture en bois qui s'applique sur une croisée.

suivant des yeux, vit apparaître dans ce rayon tout un monde auparavant invisible.

C'étaient des grains de fine poussière qui brillaient comme des parcelles d'or, c'étaient de petits insectes ailés qui dansaient dans la lumière.

FIG. 126. — « Là où je n'apercevais rien tout à l'heure, ce rayon de soleil m'a fait voir mille choses. »

La mère de Jeanne venait d'entrer dans la chambre.

« Regardez, mère, s'écria Jeanne qui se dépêchait de s'habiller, là où je n'apercevais rien tout à l'heure, ce rayon de soleil m'a fait voir mille choses. »

— Mon enfant, répondi la mère, l'instruction ressemble à ce rayon de soleil qui nous révèle mille spectacles dont nous ne nous doutions pas.

« L'ignorant est comme un enfant enfermé dans un lieu obscur. Instruisons-nous : tout s'éclairera autour de nous; là où nous n'apercevions rien, nous verrons des merveilles. »

Maxime. — *De la* science *vient la* lumière.

---

**Grammaire :** — 1. *Invisible ?* qui échappe aux yeux. — 2. *Parcelle ?* petite partie. — 3. *Insectes ?* classe importante des animaux, qui n'ont point d'os, ni de sang pareil au nôtre. | Nommez des insectes. | Y a-t-il des *insectes nuisibles ?* | Comment appelle-t-on les animaux qui se nourrissent d'insectes et qui rendent ainsi service aux cultivateurs ?

**Programme de morale :** « *Utilité de l'instruction.* » — 4. A qui peut-on comparer l'ignorant ? — 5. Qu'arrive-t-il à celui qui s'instruit ?

## 35. — Être brave, et ne pas s'en vanter.

### I

François était un petit garçon de huit ans, qui se croyait déjà un homme.

Il avait un grand fouet qu'il faisait claquer bien fort, et comme il faisait beaucoup de bruit, il pensait être très brave.

Sa petite sœur Angèle, qui avait cinq ans, était aussi douce qu'il était tapageur et fanfaron. Aussi l'accusait-il de poltronnerie.

Fig. 127. — François avait un grand fouet.

Il lui disait : « Tu n'es qu'une fille ; moi, je suis un homme et je n'ai peur de rien. »

Les parents de François et d'Angèle habitaient la ville ; mais ils possédaient aux environs une petite campagne, où ils allaient chaque dimanche.

Un dimanche qu'ils étaient à leur campagne, François avait passé toute la journée à faire

---

35ᵉ Récit. — **Programme de grammaire :** — 1. *Tapageur ?* qui fait du bruit | D'où vient ce mot? (*tapage*, taper). — 2. *Fanfaron ?* qui se vante, qui fait le brave. | D'où vient ce mot? (de *fanfare, qui sonne de la fanfare* au sujet de ses hauts faits). — 3. *Campagne :* dans quel sens est pris ici le mot *campagne ?* | Cherchez quel sens il a dans ces autres expressions : « la campagne est plus agréable à habiter que la ville », « la campagne d'Italie », « battre la campagne », etc.

claquer son fouet sur la route ; quand vint le soir, il rentra vite, car avec le jour tombait tout son grand courage.

Il trouva sa mère bien inquiète : son père, qui était resté tout le jour dans sa vigne, avait attrapé un coup de soleil ; il était revenu en chancelant ; puis le délire l'avait pris, et il ne fallait pas songer à rentrer en ville avec lui.

Fig. 128. — Son père, en travaillant dans sa vigne, avait reçu un coup de soleil.

« Mon pauvre enfant, dit la mère à François, je ne puis pas quitter ton père un seul instant, dans l'état où il est ; pourtant il faut aller chercher un médecin. Nous n'avons pas de voisins ici. Cours bien vite, mon François, et ramène-moi le médecin. »

Le cœur de François battit très fort à l'idée d'aller tout seul en ville ; mais, comme il aimait bien son père et qu'il ne voulait point passer pour poltron, il prit sa casquette et ouvrit la porte en tremblant.

## II

Hélas ! la route était toute noire. Il n'y

**Programme d'hygiène :** — **1.** *Coup de soleil* ou *insolation?* Est-il dangereux de s'exposer la tête nue et même le cou nu au plein soleil d'été ? — **2.** *Délire?* sorte de folie qui se produit dans bien des maladies où le cerveau est atteint. | *Délirer?* prononcer des paroles sans suite, et souvent ne pas même reconnaître ceux qui vous parlent.

avait point de passants, et on n'entendait rien dans la campagne que la grosse voix d'un chien qui hurlait.

Après avoir fait quelques pas, François se sentit si glacé de peur qu'il n'eut plus la force d'avancer ; il rentra, tout pâle, en disant qu'il faisait trop noir et qu'il ne pouvait trouver son chemin.

La mère était à ce moment penchée au chevet du malade, et elle lui rafraîchissait le front avec un linge mouillé.

« Mon Dieu, mon Dieu ! s'écria-t-elle en se tordant les bras, que devenir ici, avec cet enfant poltron et ce malade qui peut mourir sans secours entre mes mains ! »

Angèle n'avait rien dit jusqu'alors ; elle était restée, toute triste, dans un petit coin.

Quand elle vit le déses-poir de sa mère, elle s'ap-procha :

« Si tu veux, maman, dit-elle, je vais essayer de retrouver la route avec François ; nous serons plus

Fig. 129. — « Si tu veux, ma-man, je vais essayer de re-trouver la route. »

braves si nous sommes deux, et nous ramène-rons bien vite un médecin. »

---

**Programme de grammaire :** — 1. *Hurler?* pousser un cri prolongé. | Animaux qui hurlent? le *chien*, le *loup*. — 2. *Chevet?* par-tie du lit où l'on met la tête. | Sens de cette expression : rester au chevet de quelqu'un ?

Elle prit par la main François tout étonné et s'en alla avec lui dans la nuit noire.

### III

Quand François et Angèle avancèrent sur la route, leurs yeux se firent bientôt à l'obscurité ; ils distinguèrent très bien le chemin, et ils commencèrent à apercevoir dans la brume du soir les lumières de la ville qui brillaient au loin.

Mais une chose inquiétait François, c'était la grosse voix du chien de la ferme qu'on entendait toujours dans la nuit.

« N'aie pas peur, dit Angèle ; tu sais bien, c'est Fidèle. Il me connaît ; je lui donne toujours une bouchée de pain en passant. »

Fig. 130. — Il tremblait de tous ses membres quand le chien vint le sentir aux mollets.

Par malheur, François, le jour même, avait agacé Fidèle avec son fouet ; aussi tremblait-il de tous ses membres quand Fidèle s'approcha et vint le sentir aux mollets.

Heureusement la douce voix d'Angèle calma le dogue. Elle lui donna une petite caresse, et il remua la queue d'un air de bonne amitié.

---

**Programme de grammaire :** — 1. *Agacer ?* irriter. | Conjuguez ce verbe au passé défini.

Alors François comprit combien il valait mieux se faire aimer des animaux que de s'en faire craindre.

Les deux enfants arrivèrent bientôt à la ville ; ils ramenèrent le médecin en toute hâte.

A quelques jours de là leur père était guéri. Il prit ses deux enfants, chacun sur l'un de ses genoux, et il les embrassa tendrement.

Angèle et François étaient bien contents d'avoir contribué à sauver leur père ; mais François ne se vanta plus jamais de son courage. Et il ne se moqua plus de sa petite sœur. Au contraire, il était fier d'elle.

Fig. 131. — Les deux enfants frappèrent à la porte du médecin.

Fig. 132. — Le père guéri prit ses deux enfants chacun sur l'un de ses genoux.

MAXIMES. — **1.** *Les plus* **doux** *sont souvent les plus* **braves.**

**2.** *On juge le* **courage** *non aux* **paroles,** *mais aux* **actions.**

---

**Programme de morale :** — **1.** Quels sont souvent les plus braves ? — **2.** A quoi juge-t-on le courage des gens ?

# 36. — Le vaniteux.

C'était dimanche; le fils d'un riche fermier,
Adolphe, garçonnet d'une douzaine d'années, passait
sur la grande route. Gros et gras, vêtu de beaux
habits, il marchait à pas comptés, en jouant avec une
brillante montre d'argent.

FIG. 133. — Le fils d'un riche fermier passait sur la grande route, jouant avec sa montre d'argent.

Son ancien camarade André, dont les chèvres
broutaient le long des haies, lui dit gaiement bonjour.
Mais l'orgueilleux, dédaignant la blouse et les
sabots d'André, passa sans lui répondre.

FIG. 134. — Il ne répondit pas au salut amical d'André.

Un quart d'heure plus tard, André vit accourir
vers lui Adolphe, il était pâle et agité.

« André, mon cher André, j'ai perdu ma montre, sans
doute dans le pré là-bas. Je t'en prie, aide-moi à la
chercher.

FIG. 135. — « André, mon cher André, j'ai perdu ma montre. »

36e RÉCIT. — **Programme de grammaire :** — 1. *Garçonnet?*
jeune garçon. | Autres diminutifs de ce genre? — 2. *A pas comptés?*
lentement, comme si l'on comptait ses pas. — 3. *Agité?* inquiet,

— Tout à l'heure tu ne me répondais seulement pas, dit André. A présent que tu as besoin de moi, je suis ton cher André. Mais je ne t'en veux pas. Cherchons ta montre. »

André avait un chien de berger très intelligent. — Loulou, cria-t-il, Loulou ! viens ici.

Loulou accourut, la tête droite, les yeux brillants, la queue en mouvement.

André lui fit sentir alors la poche et les habits du gros garçon. Il lui fit comprendre que ce dernier avait perdu quelque chose ; puis, d'une voix de commandement : « Cherche ! cria-t-il, cherche, Loulou ! »

Et il lui montrait du doigt le grand pré vert.

Fig. 136. — « Cherche ! » cria André au chien.

Loulou partit en courant, le nez sur le sol, d'un air ¹ affairé. Deux minutes après, il revenait la tête haute, en portant délicatement entre ses dents la montre blanche qu'il avait retrouvée et dont le cordon pendait.

Fig. 137. — Le chien revint, la tête haute, avec la montre entre ses dents.

Adolphe, pressé d'avoir sa montre, voulut la reprendre bien vite au chien ;

montrant de l'inquiétude dans ses mouvements. — **1.** *Affairé ?* d'où vient cet adjectif ? | Formez des adjectifs analogues avec les substantifs *âge, aile, étoile, azur*, etc.

mais Loulou gronda sans vouloir ouvrir la bouche, et il ne remit la montre qu'à son jeune maître.

Le gros Adolphe, très heureux, n'en caressa pas moins Loulou. Comme, malgré ses défauts, il était d'un bon naturel, il se repentit de son orgueil. Il demanda gentiment pardon à son camarade, caressa une dernière fois Loulou et les chevrettes même, et reprit son chemin tout pensif. Désormais il n'eut plus honte de saluer poliment les petits pâtres en sabots qu'il rencontrait sur son chemin.

MAXIMES. — **1.** *La* **politesse du pauvre** *fait qu'on le regarde avec plaisir, même sous des haillons.*

**2.** *La* **politesse du riche** *le pare mieux que ses plus beaux habits.*

---

**Programme de grammaire :** — 1. *D'un bon naturel?* qui n'est pas naturellement méchant, qui est plutôt porté au bien qu'au mal. — *Se repentir?* regretter ce qu'on a fait et vouloir mieux agir désormais. | Conjuguez ce verbe.

**Programme de morale :** « *Modestie et politesse.* » — 2. En quoi consiste la vanité ? | Montrer que la vanité est un signe de sottise. — 3. Devons-nous être moins polis envers nos inférieurs qu'envers nos supérieurs?

**Programme de récitation :** — Sur la politesse faire apprendre ce quatrain :

### La politesse.

La politesse est à l'esprit
Ce que la grâce est au visage :
De la bonté du cœur elle est la douce image,
Et c'est la bonté qu'on chérit.

VOLTAIRE *.

QUESTIONS SUR L'EXERCICE DE MÉMOIRE. — Faire expliquer les deux premiers vers. — Que chérit-on le plus dans l'homme?

## 37. — Courage et gaieté dans le travail.

1 Dans la maison d'Étienne, le fils du vitrier, il y a une bien curieuse fenêtre
2 qui donne sur la campagne. Elle a des carreaux de vitre de toutes les couleurs, bleus, verts, rouges, jaunes.

Fig. 138. — Le **vitrier** posant un carreau.

Lorsqu'on regarde à travers un carreau de couleur sombre, on voit tous les objets sombres et tristes.

Lorsqu'au contraire on regarde à travers un carreau de couleur claire, jaune ou blanc, on voit tous les objets lumineux ; la campagne entière sourit à l'œil.

Étienne aimait beaucoup à regarder par les carreaux

Fig. 139. — A travers le carreau sombre, on voit tous les objets sombres et tristes.

Fig. 140. — A travers le carreau clair on voit tous les objets lumineux et gais.

3 clairs et gais, qui faisaient tout reluire à ses

---

37e Récit. — **Programme de grammaire et de sciences élémentaires :** — **1.** *Vitrier ?* ouvrier qui travaille en « vitres ; » par exemple qui pose les vitres des fenêtres. — **2.** *Donner sur la campagne ?* dans quel sens est pris ici le verbe *donner ?* Est-il actif ? | Autre sens de ce verbe dans les expressions : « le soleil donne dans les yeux »; « Paul donne dans les défauts de ses camarades, » etc. — **3.** *Reluire ?* Avec quel autre verbe reluire est-il formé ? avec *luire.* Autres verbes formés avec le préfixe *re : ***revenir, *** *revivre, revoir,* etc.

yeux, et il eût voulu emporter avec lui un morceau de la vitre couleur d'or pour regarder toutes choses au travers.

— « Mon enfant, lui dit son père, tu possèdes quelque chose de plus merveilleux encore que ces morceaux de verre pour transformer à tes yeux tous les objets : courage et gaieté, voilà les deux talismans du cœur humain, à l'aide desquels tu peux, si tu le veux, voir toutes choses te sourire.

« Chaque fois que tu as une tâche difficile à faire, mon enfant, regarde gaiement le devoir à accomplir, et travailles-y avec courage : le travail te sourira. »

Proverbe. — **Travail** *et* **gaieté** *sont bons compagnons.*

## 38. — Prévenance et bonté.

Savez-vous comment Charles est devenu mon ami? je vais vous le dire.

Quand j'étais petit enfant comme vous, j'allais aussi à l'école, mon carton d'écolier au dos. Un matin d'hiver, j'avais bien froid. La bise soufflait, et le sol gelé craquait sous mes pas.

---

**Programme de grammaire :** — 1. *Talisman?* objet qui, d'après les croyances superstitieuses d'autrefois, donnait un pouvoir merveilleux à celui qui le possédait.

**Programme de morale :** — 2. Moyen de faire vite et bien ce qu'on a à faire?

38e Récit. — **Programme de sciences élémentaires :** — 3. *Bise?* vent froid d'hiver. — 4. *Gelé?* glacé par le froid (fleuves et

A ce moment je rencontrai mon camarade d'école, Charles. Sa mère, qui le gâtait un peu, l'avait enveloppé d'un grand cache-nez qui faisait plusieurs fois le tour de ses épaules.

Me voyant tout tremblant et en train de tousser, Charles m'appela :

Fig. 141. — Un matin d'hiver j'avais bien froid ; mon camarade Charles était chaudement couvert.

« Viens près de moi, dit-il : le cache-nez est assez long pour deux. »

Il déroula le cache-nez aux ramages bleus, et il en passa un large bout autour de mes épaules.

Nous allions tous deux attachés par le cou et pressés l'un contre l'autre. C'était bien amusant, et bien chaud aussi.

Fig. 142. — Il passa son cache-nez autour de mes épaules ; nous allâmes tous deux ainsi, attachés par le cou.

Depuis ce temps, j'ai toujours aimé le bon Charles et tout le monde l'aime comme moi, car il est prévenant à l'égard de tout le monde comme il le fut pour moi-même.

---

mers glacés dans les pays froids). *Sol gelé ?* pourquoi le sol gèle-t-il pendant l'hiver? Parce qu'il contient de l'eau.

**Grammaire :** — **1.** *Cache-nez?* longue et large cravate de laine. | D'où vient ce mot? — **2.** *Ramages?* représentation de fleurs ou de feuilles sur une étoffe. | Autre sens du mot ramage? *chant des oiseaux.*

MAXIME. — *La moindre* **prévenance** *suffit pour gagner les cœurs.*

## 39. — Secourons ceux qui sont dans le danger.

Plus tard j'avais huit ans, et je jouais aux quatre coins sous les grands saules du bord de la rivière.

FIG. 143. — Je jouais aux quatre coins sous les grands saules du bord de l'eau.

Nous étions cinq enfants et nous nous amusions bien. Je poussais des cris de joie et je courais à perdre haleine, lorsque tout à coup mon pied glissa. Je roulai comme une pierre sur la pente de la rive, et je m'enfonçai dans l'eau glacée.

Les autres enfants appelèrent à l'aide; mais ils étaient si troublés qu'ils ne faisaient rien pour me secourir.

FIG. 144. — Mon pied glissa et je roulai sur la pente de la rive.

Heureusement il y avait là mon ami Charles.

---

**Programme de morale :** — **1.** Ce qu'il faut faire pour nous gagner les cœurs?

39° RÉCIT. — **Programme de grammaire et de sciences élémentaires :** — **2.** *Jeu des quatre coins :* en quoi consiste-t-il? | Figure géométrique qui a quatre coins (quatre angles) égaux? | Comment s'appelle-t-elle quand les quatre côtés sont égaux aussi? — **3.** *Saule?* que

1  Il se pencha au-dessus du talus de la rivière pour tâcher de me tendre la main ; mais sa main d'enfant était trop courte.

Alors il remarqua la racine d'un saule qui sortait du talus et qui faisait comme une grosse boucle au-dessus de l'eau.

FIG. 145. — Charles se pencha au-dessus du talus ; mais sa main était trop courte.

Résolument il se laissa glisser jusque-là, passa un pied dans la boucle ; puis, retenu ainsi par le pied, il se laissa tomber la tête en bas au niveau de la rivière et plongea ses mains sous l'eau.

2. Je ne me débattais plus qu'à peine, lorsque je me sentis ressaisir par ma blouse d'écolier.

FIG. 146. — Il se suspendit par le pied à une racine de saule et plongea ses mains sous l'eau.

Avec un grand effort, Charles me ramena 3 à lui, et réussit à me hisser le long du talus ; puis il m'ôta mes vêtements mouillés pour me remettre les siens.

---

savez-vous sur le saule? A quoi servent ses branches flexibles ? — 1. *Talus?* pente rapide que présente un terrain, par exemple le bord d'un fossé ou d'une rivière. — 2. *Se débattre?* agiter au hasard les bras et les jambes. | Cherchez d'autres verbes où entre le préfixe *de* ou *de* : se *démener*, *défaire*, *devenir*, *desservir*, etc. — 3. *Hisser?* soulever avec effort.

5.

Je repris tout à fait connaissance et je me jetai dans les bras de Charles, qui était aussi joyeux que moi.

MAXIME. — *Celui qui rend un service est aussi heureux que celui qui le reçoit.*

## 40. — La graine de platane et le martinet. (FABLE.)

Une petite graine s'était échappée du fruit rond d'un platane. Soutenue par son fin duvet, comme par une aile, elle s'envola, légère, et flotta au gré du vent.

Dans cette course molle et incertaine, elle rencontra un martinet éclos de l'année, qui, lui, fendait l'air en ligne droite comme

FIG. 147. — Une petite graine de platane, envolée au vent, rencontra dans l'air un martinet.

---

**Programme de grammaire :** — **1.** *Reprendre connaissance?* Revenir à soi au sortir d'un évanouissement. | Cherchez l'expression toute contraire.

**Programme d'hygiène :** « *Soins à donner aux noyés.* » — **2.** Ne pas placer le noyé la tête en bas ; le coucher sur le dos en desserrant doucement la bouche ; chercher à le réchauffer en le frictionnant, et au besoin en fouettant un peu la peau.

**Programme de morale :** « *Esprit d'initiative et de dévouement.* » — **3.** Celui qui a pu rendre un service est-il heureux?

40ᵉ RÉCIT. — **Programme d'histoire naturelle :** — **4.** *Platane?* bel arbre, originaire de l'Orient, qu'on plante sur les routes, sur les boulevards, dans les jardins. | Citez des graines munies de légères *aigrettes* ou de *duvet :* graines du pissenlit, etc. | Duvet précieux des graines du *cotonnier.* — **5.** *Martinet?* oiseau qui ressemble à l'hirondelle, mais qui a les ailes plus longues et arrive en France plus tard. | Migrations des oiseaux. — **6.** *Éclos?* sorti de l'œuf.

une flèche. Il jeta un regard moqueur du côté de la graine tournoyant au vent.

— « Pauvrette, je te plains, toi qui n'as pas d'ailes ! Où espères-tu aller ainsi ? Tout à l'heure tu vas tomber dans la boue.

— Qu'en sais-tu, oiseau dédaigneux ? répondit la graine. Peut–être un jour, malgré tes longues ailes, auras-tu besoin de la petite graine qui n'a que le vent pour la porter..... »

L'hiver était revenu bien des fois depuis lors ; le martinet, fuyant le froid, avait quitté la France et traversé [1] la mer. Il babillait gaiement ce jour-là au chaud soleil d'un pays lointain.

Soudain un coup de feu retentit, un [2] grain de plomb effleura le bout de son aile noire. Le pauvre oiseau s'enfuit en poussant des cris aigus. Un second coup

FIG. 148. — Le martinet, visé par un chasseur, se réfugia sous les branches d'un jeune **platane**.

partit, mais le martinet avait atteint un jeune

platane, le seul arbre de la plaine aride, et il s'était caché au plus épais de ses feuilles vertes: le plomb du chasseur ne pouvait plus arriver jusqu'à lui.

Alors, du cœur même de l'arbre, une voix sortit :

« Te souvient-il, disait la voix, d'une pauvre graine emportée un jour au vent de France? Bel oiseau, sans cette petite graine que l'ouragan a entraînée par delà les mers, le pays de France n'entendrait plus ta gaie chanson au printemps prochain. Envole-toi maintenant, le danger est passé. Quand tu reviendras ici chaque année, tu me retrouveras, toujours plus grand et plus fort : j'ai devant moi pour cent ans de vie. Va, et *ne méprise plus les petits ni les faibles.* »

## 41. — Un grand spectacle de la nature. — Le jeune Le Verrier.

Le plus grand astronome de notre époque

**Programme de physique :** — 1. *Ouragan?* grand vent, tempête. — Le vent peut-il emporter très loin les choses légères, graines, plumes, sable? etc. | Explication des pluies de sable, de soufre (c'est-à-dire de pollen des pins), de cendres, de crapauds, qui sont enlevés du sol par les trombes et retombent ensuite.

**Programme de morale :** « *Bonté et respect à l'égard des humbles.* » — 2. Est-ce un devoir de ne jamais mépriser personne?

41e RÉCIT. — **Programme de cosmographie élémentaire :** — 3. *Astronome?* celui qui s'adonne à l'étude « des astres » et de leurs mouvements. | Nommez le plus grand astronome de notre époque? Où est-il né?

Fig. 149. — L'astronome
Le Verrier.

1 a été un Français ; il était né en Normandie*
et s'appelait Joseph Le
Verrier.

Du temps où Joseph était
2 un bambin de six ans, il
allait chaque soir au lit
comme doit faire un enfant
sage , de bonne heure ;
l'été il était couché avec le
soleil, l'hiver il ne l'était
guère après lui.

Un soir pourtant un ami de sa famille l'emmena passer la soirée au dehors. Ce fut seulement à dix heures qu'on revint.

La soirée était belle, l'air transparent. Tout
d'un coup l'enfant, qui avait
levé la tête, poussa un cri
de surprise :

— Oh ! regardez, disait-il,
regardez !

Et il montrait de son
petit doigt le grand ciel
sombre , rempli d'innom-
brables points lumineux
qu'il apercevait pour la première fois de sa vie.

Fig. 150. — Il montrait de
son petit doigt le ciel rempli de points lumineux.

---

**Programme de grammaire et de géographie :** — 1. *Normandie** : que savez-vous sur la Normandie? Sur ses principales
villes? Sur le fleuve important qui la traverse? (Voir le *Lexique*.) —
2. *Bambin ?* enfant.

— Ce sont les étoiles, dit en souriant l'ami qui l'accompagnait.

— Que c'est beau, les étoiles ! reprit l'enfant; mais qu'est-ce donc?

— Chacune de ces étoiles, petit Joseph, est un soleil qui, la nuit, apparaît à nos yeux; chacune est un monde des milliards de fois plus grand que notre terre. On t'a appris déjà combien le soleil qui nous éclaire pendant la journée est énorme; eh bien, beaucoup de ces étoiles sont encore des milliers de fois plus grandes que lui.

— Plus grandes que le soleil ! répéta Joseph comme s'il avait peine à comprendre.

— Certes oui. Pour bien comprendre, écoute-moi. Suppose que notre terre soit un des plus petits cailloux de cette route, le soleil sera un des tas de pierres qui la bordent; et maintenant, comment nous représenterons-nous telle de ces brillantes étoiles que voilà? Mon enfant, il faudra une montagne pour la représenter à nos yeux, — une montagne de feu, car chaque étoile est en feu et brûle dans l'infinité du ciel comme un immense brasier.

— Si les étoiles sont si grandes, dit Joseph d'un air réfléchi, il faut donc qu'elles soient

---

**Programme de cosmographie élémentaire :** — **1.** *Étoiles?* grands astres en feu, qui brillent par eux-mêmes et qui nous paraissent toujours à la même place dans le ciel. | Différence entre les étoiles fixes et les *planètes?* — **2.** Les étoiles sont-elles plus grandes que notre terre? — **3.** Plus grandes que le soleil même?

bien loin, bien loin, pour paraître si petites.
— Je crois bien qu'elles sont loin ! Si certaines d'entre elles étaient à la place de notre soleil, la terre prendrait feu aussitôt comme un brin de paille qu'on approche d'une forêt enflammée.

« Je vais te donner une idée de leur distance, Écoute bien. Quand le premier rayon du soleil nous arrive le matin, sais-tu combien de temps il a mis pour parcourir l'espace qui sépare la terre et le soleil ? Huit minutes seulement. Ce même espace, un train de chemin de fer lancé à toute vitesse mettrait trois cents

FIG. 151. — **Sirius ou la Canicule**, dans la constellation du Grand-chien.

ans à le parcourir. Un rayon de lumière va donc bien vite. Il court si vite qu'il ferait huit fois en un clin d'œil le tour de la terre. Eh bien, si vite qu'aille la lumière, cherche combien de temps il lui faut pour nous arriver de cette belle étoile placée en ce moment sur nos têtes et qu'on appelle *la Canicule?* Il lui faut vingt-deux ans. Tu n'étais donc pas né quand le rayon qui aboutit en ce moment à ton œil est parti du grand astre en feu. Et il y a d'autres étoiles dont la lumière met *soixante-douze ans* à nous arriver ; d'autres, *deux mille ans, trois*

---

**Programme de cosmographie élémentaire :** —**1.** Les étoiles sont-elles très éloignées de nous ? — **2.** Vitesse de la lumière ?

*mille ans*, des nombres d'années incalculables. »

En causant ainsi, on avait marché vite ; on était arrivé à la maison. Les yeux du jeune Joseph, grands ouverts d'étonnement et d'admiration, allaient tour à tour du visage de son ami au ciel bleu, et il répétait toujours en joignant les mains : — Mon Dieu, que c'est beau, que c'est beau !

FIG. 152. — Joseph Le Verrier regarda une dernière fois le ciel.

On rentra. Avant de se mettre au lit, Joseph Le Verrier regarda une dernière fois le ciel. Puis, il s'endormit, mais il rêva toute la nuit des rayons tremblants des étoiles.

A partir de cette soirée, il se sentit toujours attiré par la vue du ciel étoilé, et il commença à étudier avec courage, en se disant qu'un jour il saurait tout ce que

FIG. 153. — L'astronome Le Verrier étudie le ciel à l'aide du télescope.

l'homme peut savoir sur ces mondes qui peuplent l'espace.

C'est cet enfant qui devait, une fois grand, découvrir un nouvel astre au ciel et devenir une des gloires de notre pays.

---

**Programme de cosmographie élémentaire :** — 1. Quelle sorte d'astre découvrit Le Verrier? une planète, qu'il appela *Neptune*.

1  Plus tard, lorsque, l'œil à son télescope, le célèbre astronome contemplait le ciel étoilé, il aimait à répéter : « Il me semble que j'entrevois Dieu 2 même derrière tous ces mondes épars. »

3  MAXIME. — *La* science *élève l'âme vers l'*infini.

## 42. — Ne pas songer qu'à soi dans le danger.

4  Comme il pleuvait, Solange et sa voisine la petite Marie avaient pris le plus court pour rentrer à la maison.

Elles traversaient une grande prairie pleine de vaches blanches et 5 rousses.

Tout d'un coup les vaches prirent peur et coururent sur les deux fillettes. C'était un galop effroyable, avec de longs beuglements.

FIG. 154. — Elles traversaient une prairie pleine de vaches.

---

**Programme de grammaire :** — 1. *Télescope ?* instrument à travers lequel on regarde les objets éloignés, et qui peut les grossir beaucoup aux yeux. — 2. *Épars ?* répandus, dispersés dans le ciel.

**Programme de morale :** « *Grandes scènes de la nature, éveil du sentiment religieux.* » — Quelle est l'idée que la vue du ciel étoilé doit éveiller en nous ? | La parole de Le Verrier doit-elle se prendre au sens propre ou au figuré ? — 3. *Infini ?* qui est sans bornes, sans limites ; un des noms donnés à Dieu.

42ᵉ RÉCIT. — **Programme de grammaire :** — 4. *Il pleuvait :* Conjuguez ce verbe. Citez d'autres verbes impersonnels. — 5. Masculin de *rousse ?*

Les deux enfants, épouvantées, s'enfuirent de toutes leurs jambes.

FIG. 155. — Elles s'enfuirent de toutes leurs jambes.

Solange, étant plus grande et plus forte que son amie, eût pu la devancer; mais elle resta bravement à côté de la petite Marie pour la protéger.

Enfin elles arrivèrent à la barrière qui fermait la prairie.

Il n'y avait dans la barrière qu'un passage juste assez large pour un, et Solange sentait déjà sur ses talons une vache furieuse, les cornes baissées.

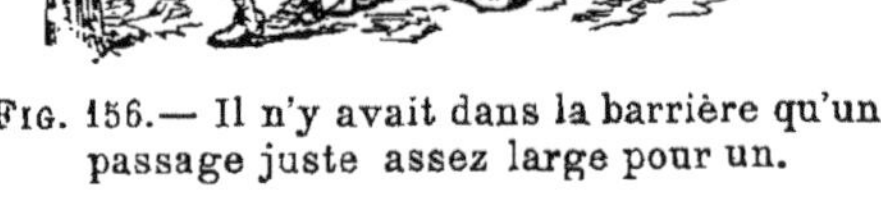

FIG. 156.— Il n'y avait dans la barrière qu'un passage juste assez large pour un.

Solange n'avait rien à la main que son parapluie,[1] qu'elle avait fermé pour mieux courir. Tandis que sa petite amie se coulait par le trou de[2] la barrière, la courageuse fille se retourna vers la vache et ouvrit brusquement son parapluie devant le nez de l'animal.

---

**Programme de grammaire :** — **1.** *Parapluie* : d'où vient ce mot? (pare-à-pluie). — **2.** *Se couler,* se glisser. Citez d'autres verbes pronominaux.

La vache fit un bond en arrière, et la fil-
lette, prestement, se glissa derrière Marie qu'elle avait sauvée.

Toutes tremblan-
tes encore, les deux
enfants revinrent au
village. L'une était
bien heureuse en
pensant qu'elle avait

Fig. 157. — La vache fit un bond
en arrière.

pu sauver une ca-
marade; l'autre était bien fière du dévouement
de sa grande amie.

Et à partir de ce jour elles s'aimèrent plus
qu'elles ne s'étaient encore aimées.

Maximes. — **1. Fais du bien à tes amis :** *ils
t'aimeront davantage.*

**2. Fais du bien à tes ennemis :** *ils deviendront
tes amis.*

---

**Programme de grammaire :** — 1. *Prestement* ? de *preste*, prompt,
agile. | Adverbes de sens contraire ? *lentement, maladroitement.*

**Programme de morale :** — 2. Devoir pour les enfants de secourir au besoin les enfants plus jeunes qu'ils ont auprès d'eux. —
3. Doit-on secourir même les personnes qui ne vous aiment pas ?

**Programme de récitation :** — Sur les bœufs, faire apprendre ces vers connus.

### Les bœufs.

J'ai deux grands bœufs dans mon étable,
Deux grands bœufs blancs, marqués de roux ;
La charrue est en bois d'érable,
L'aiguillon en branche de houx.

## 43. — Le passage du régiment. — L'amour de la patrie.

Tous les petits enfants sont aux portes ou aux fenêtres du village.

Fig. 158. — Le régiment passe, musique en tête.

Parmi eux, les yeux grands ouverts, il y a le jeune Armand, qui apprend déjà l'exercice avec ses camarades du *bataillon scolaire;* debout près de lui est sa petite sœur.

C'est que le régiment passe aujourd'hui par la grande rue, musique en tête.

Les soldats marchent fièrement, quoiqu'ils aient au dos un sac lourd et sur l'épaule un fusil.

---

Les voyez-vous, les belles bêtes,
Creuser profond et tracer droit,
Bravant la pluie et les tempêtes,
Qu'il fasse chaud, qu'il fasse froid?
Lorsque je fais halte pour boire,
Un brouillard sort de leurs naseaux,
Et je vois sur leur corne noire
Se poser de petits oiseaux.

PIERRE DUPONT *.

QUESTIONS SUR L'EXERCICE DE MÉMOIRE. — *Marqués ?* — *Érable ?* — *Houx ?* — *Aiguillon ?* — *Profond* est-il pris comme adjectif ou comme adverbe ? — *Halte ?* — *Naseaux ?*

43ᵉ RÉCIT. — **Programme d'instruction civique et de grammaire :** — 1. *Bataillon scolaire ?* — 2. *Régiment ?* corps de troupe

La petite Denise est émerveillée de voir briller tant de baïonnettes nues, de sabres et d'épaulettes.

Armand, en regardant les soldats, cherche à apprendre comment on doit se tenir et marcher dans les 2 rangs ; il se dit : « Quand j'aurai 3 vingt ans, je serai soldat comme eux ; je partirai avec eux, prêt à défendre la patrie. »

Fig. 159. — Le soldat français.

Le régiment défile toujours, et voici venir le 4 grand drapeau aux trois couleurs, que porte un officier. Il y a sur le drapeau cette devise : *République française*. **Honneur et Patrie.**

Le père d'Armand est à côté de ses enfants ; il a servi bravement la France dans sa jeunesse, lui aussi, et ses yeux deviennent humides quand il voit passer le drapeau qu'il regardait autrefois dans la bataille.

Fig. 160. — Le Drapeau français.

---

commandé par un colonel et comptant de 1 800 à 3 600 hommes. — Régiments d'infanterie ? de cavalerie ? d'artillerie ? — **1.** *Armes des soldats ?* fusil, baïonnette de (Bayonne, où on a fabriqué les premières baïonnettes), sabre-baïonnette, épée, pistolets, etc. — **2.** *Rangs,* suite de soldats placés en ordre l'un à côté de l'autre. — **3.** A quel âge est-on soldat ? | Qu'est-ce que le tirage au sort ? — **4.** *Drapeau national ?* drapeau qui a été adopté par une nation, afin que tous ses enfants, en n'importe quel lieu du monde, puissent se reconnaître et se réunir à l'aide de ce drapeau. | Couleurs du drapeau français ?

« Découvre-toi, mon enfant, dit-il à Armand; ce drapeau, c'est l'emblème de la patrie. »

La tête blanche du père et la tête blonde de l'enfant se sont découvertes toutes deux devant le drapeau de la France.

Déjà le drapeau est passé, il s'éloigne, mais ses plis éclatants s'agitent toujours au-dessus des baïonnettes. Il s'éloigne, mais Armand lit encore les lettres d'or que son père lui a montrées sur la soie: Honneur et patrie!

Fig. 161. — Le régiment est passé, mais on voit encore le drapeau flotter au-dessus des baïonnettes.

« Oh ! se dit-il, quand je serai, moi aussi, dans les rangs du régiment, *je tâcherai d'obéir toujours à la devise du drapeau.* »

MAXIME. — *La devise du* **drapeau** *français nous dit à tous de garder un* **cœur** *sans tache et d'aimer notre patrie jusqu'à la mort.*

---

**Programme d'instruction civique :** — 1. *Emblème?* Ce qui fait penser à une autre chose qu'on n'a pas sous les yeux. — 2. Que doit-on faire quand on voit passer le drapeau de la France? — 3. Par quels moyens peut-on montrer son amour pour la patrie?

**Programme de récitation :** — Faire apprendre ce quatrain d'un poète de notre temps :

Qui fait le guet quand tout sommeille?
Quand tout est en péril, qui veille,
Qui souffre, qui meurt, qui combat?
Le soldat.

## 44. — Le patriotisme d'un enfant. François Arago.

¹ En l'année 1793, il y avait à l'école primaire ² d'Estagel, près de Perpignan*, un petit garçon de sept ans. Il s'appelait François Arago et était le meilleur élève de l'école.

La France était alors en guerre avec l'Es-³pagne*, et beaucoup de soldats français passaient au son du tambour par le village d'Estagel.

Un matin, au point du jour, le petit François était sur la place du village pour guetter les soldats, lorsqu'il voit venir, non pas

FIG. 162. — Il voit venir, non pas des Français, mais des cavaliers espagnols.

des Français, mais des cavaliers espagnols.

Ces cavaliers s'avançaient sans bruit dans les ⁴ rues du village, comme pour reconnaître le ⁵ pays et y guider ensuite l'armée espagnole.

---

44ᵉ Récit. — **Programme d'histoire et de géographie :** — 1. Grands événements qui se passèrent de 1789 à 1793? (Voir le lexique au mot *Révolution**.) — 2. Nommez le département où est situé Perpignan*? | Autres départements placés sur la frontière? — 3. *Espagne**, *Espagnols* ? que savez-vous sur l'Espagne ? | Sa capitale?— 4. *Reconnaître?* est pris ici dans le sens de *examiner en détail un pays ennemi.* Substantif dérivé : *reconnaissance.* — 5. *Guider?* marcher devant en montrant le chemin. | *Guide?*

Le petit François pousse de grands cris pour prévenir tout le monde. Le village s'éveille et s'agite. Chacun s'arme de pieux ou de fourches et court au-devant des ennemis.

Fig. 163. — Il va décrocher une vieille épée rouillée.

Le petit Arago lui-même va décrocher une vieille épée rouillée et il se glisse derrière son père sans que son père le remarque.

Lorsque les cavaliers espagnols virent tous ces paysans accourir contre eux, ils restèrent un moment déconcertés; puis ils cherchèrent à se défendre, et l'un d'eux mit en joue le père de François.

Heureusement le brave petit garçon vit le mouvement de l'Espagnol; il s'élança comme un jeune chat entre les jambes des chevaux, et frappa si adroitement sur le fusil de

Fig. 164. — Il s'élança comme un chat entre les jambes des chevaux et frappa adroitement sur le fusil de l'Espagnol.

l'Espagnol qu'il détourna le coup.

---

**Programme de grammaire et de sciences élémentaires:**
— 1. *Rouillée ? de rouille*, poudre de couleur rouge dont le fer se couvre à l'air humide; c'est du fer décomposé par l'air ou *oxyde de fer.*
— 2. *Déconcerté ?* troublé, dérangé dans ses projets. — 3. *Mettre en*

Bientôt les cavaliers, qui étaient peu nombreux, furent enveloppés et désarmés par la foule des villageois ; le petit François Arago fut presque porté en triomphe.

FIG. 165. — François **Arago.**

Cet enfant si brave, et qui n'était pas moins laborieux, devint plus tard un grand savant et un grand patriote. Comme savant, il fit d'importantes découvertes sur la lumière des astres et sur l'électricité.

Le nom d'Arago est une des gloires de la France. A défaut de son génie, nous devons tâcher du moins d'avoir son courage.

MAXIME. — *Apprenons de bonne heure à* **servir** notre patrie, *la France.*

---

*joue?* viser quelqu'un avec une arme à feu. — **1.** *Triomphe?* honneurs qu'on rendait autrefois aux généraux vainqueurs.

**Programme de physique :** — **2.** *Électricité?* ce qui fait que certains corps, lorsqu'ils ont été frottés ou chauffés, peuvent en attirer d'autres, peuvent donner des secousses à la main qui les approche, peuvent faire jaillir des étincelles, etc. | Vitesse de l'électricité. | Télégraphe électrique.

**Programme de morale :** « *Courage et patriotisme* ». — **3.** Devons-nous chercher à imiter François Arago? | En quoi devons-nous l'imiter?

**Programme de récitation :** — Faire apprendre ce récit en vers d'un épisode des guerres d'Espagne:

### Après la bataille.

Mon père, ce héros au sourire si doux,
Suivi d'un seul housard qu'il aimait entre tous
Pour sa grande bravoure et pour sa haute taille,
Parcourait à cheval, le soir d'une bataille,

GUYAU. — *Ann. prép.*                              6

# 45. — Il faut nourrir l'esprit comme le corps.

Fig. 166. — « Ce n'est pas avec du sucre qu'on se nourrit. »

Ferdinand était un petit garçon chétif et pâle ; il restait toute la journée assis dans un coin, sans bouger ; il mangeait à peine, si ce n'est quelques sucreries, et il ne grandissait point.

Ses parents s'inquiétèrent ; ils firent venir le médecin, qui dit à Ferdinand :

« Qu'est ceci, mon garçon?

Le champ couvert de morts, sur qui tombait la nuit.
— Il lui sembla, dans l'ombre, entendre un faible bruit.
C'était un Espagnol de l'armée en déroute
Qui se traînait sanglant sur le bord de la route,
Râlant, brisé, livide, et mort plus qu'à moitié,
Et qui disait : « A boire, à boire par pitié ! »
Mon père, ému, tendit à son housard fidèle
Une gourde de rhum qui pendait à sa selle,
Et dit : « Tiens, donne à boire à ce pauvre blessé. »
Tout à coup, au moment où le housard baissé
Se penchait vers lui, — l'homme, une espèce de Maure,
Saisit un pistolet qu'il étreignait encore,
Et vise au front mon père, en criant : *Caramba!*
Le coup passa si près que le chapeau tomba
Et que le cheval fit un écart en arrière. —
« Donne-lui tout de même à boire, » dit mon père.

Victor Hugo *.

Questions sur l'exercice de mémoire. — *Héros ?* homme qui s'est rendu célèbre par quelque grande action. — *Housard* ou *hussard?* soldat de la cavalerie légère. — *Déroute ?* — *Râlant ?* — *Livide?* — *Gourde?* — *Rhum ?* — *Maure ?* originaire des côtes de l'Afrique. — *Étreindre ?* — *Caramba ?* juron espagnol.

45e Récit. — **Programme de grammaire :** — **1.** *Chétif?* mal venu, maladif. | Cherchez des adjectifs de sens contraire. — **2.** *Sucreries ?* choses « sucrées, » dragées, bonbons, etc.

1 tu veux donc rester toujours comme un nain ?
2 Ce n'est pas avec du sucre qu'on se nourrit.
Il faut bien manger, il ne faut reculer ni devant la soupe fumante, ni devant la viande 3 et les tartines de beurre. Puis, quand tu auras bien mangé, tu me feras le plaisir de courir et de prendre de l'exercice 4 comme un poulain lâché dans les champs. Bientôt, tu grandiras, tu te développeras et tu ne ressembleras plus à un pauvre poulet déplumé. »

Ferdinand eut honte, il obéit. Il commença à mieux manger sa soupe et sa part de viande ; il prit plus d'exercice au grand air ; bientôt ses joues se colorèrent, sa taille se développa, il devint grand et fort.

On le fit entrer à l'école ; mais là il était bien en retard, si en retard qu'il fut pris de paresse. Il ne mettait

FIG. 167. — La viande et les soupes grasses sont l'aliment le plus nourrissant.

FIG. 168. — L'exercice au grand air aide la digestion et augmente l'appétit.

---

**Programme de grammaire :** — 1. *Nain ?* homme de très petite taille. | Féminin ?

**Programme d'hygiène :** — 2. L'abus des sucreries, surtout entre les repas, est-il bon pour la santé ? — 3. Aliments les plus nourrissants : la viande d'abord, puis le lait, le fromage et le beurre, ensuite les légumes farineux et le pain.

**Programme de grammaire :** — 4. *Poulain ?* jeune cheval, jusqu'à l'âge de trois ans. | Féminin ? pouliche.

plus son amour-propre qu'à devancer ses camarades aux jeux d'adresse ou de force.

Un jour le maître lui dit : « Mon ami, tu es
fier d'être devenu grand et fort, tu as raison ; mais
songe donc que ton esprit est comme ton corps ;
il a besoin aussi de grandir et de se développer.

« Autrefois, ta taille était si petite que ta tête
n'arrivait pas à la hauteur de ma chaire ; aujour-1
d'hui tu as grandi par la taille ; mais ton esprit est
resté nain : n'as-tu pas honte ?

Fig. 169. — « Il faut nourrir l'esprit comme le
corps. »

« Pour que ton esprit gran-2
disse, il faut le nourrir comme
tu nourris ton corps. La nourriture de l'esprit, c'est l'ins-3
truction. Travaille, Ferdinand,
et tâche de devenir savant. »

Ferdinand comprit très bien
les paroles de son maître ; il
se dit qu'il était bien pire de
rester petit par l'esprit que par
le corps. Il s'appliqua courageusement, et son intelligence
ne tarda pas à se développer.

Fig. 170. — Il devint à la
fois l'un des meilleurs
élèves de sa classe et
l'un des plus forts en
gymnastique.

Quelques mois plus tard, il se
trouvait être à la fois l'un des
meilleurs élèves de sa classe et
l'un des plus forts en gymnastique.

---

1. *Chaire ?* siège élevé, tribune où montent les prêtres et les professeurs.
**Programme de morale :** — 2. Dites si notre esprit a besoin
de se développer comme notre corps. — 3. Nourriture de l'esprit ?

Et son maître lui disait en souriant : « C'est très bien, Ferdinand ; rappelle-toi cette maxime :

1 « *Il est trois choses avec lesquelles on va loin* « *dans la vie :* un **corps** sain, un **esprit** cultivé, « un **cœur** noble. »

# 46. — Simonne et son petit cousin. — L'éclairage : chandelles, bougies, lampes. — Huiles de colza et de pétrole. — Gaz.

## I

2 Ce soir-là, le jour tombait de bonne heure, 3 car on était déjà à la fin de l'automne. Simonne, en revenant de l'école, se dit : « Je vais passer par la maison de ma tante pour avoir de ses nouvelles. »

Comme elle approchait de la maison, qui avait bien pauvre apparence, elle remarqua que

---

**Programme de morale :** — 1. Citez les trois plus grands biens qu'on puisse posséder dans la vie.

**Programme de récitation :** — Faire apprendre par cœur ces deux vers :

L'âme est un feu qu'il faut nourrir
Et qui s'éteint s'il ne s'augmente.

VOLTAIRE*.

46e RÉCIT. — **Programme de grammaire et de sciences élémentaires :** — 2. *Le jour tombait?* Le jour baissait, finissait. | Qu'est-ce qui produit le jour et la nuit ? — 3. Quel jour commence et quel jour finit l'automne? il commence le 23 septembre pour finir le 22 décembre.

la vitre rougissait ; au travers de la vitre, près

Fig. 171. — Elle aperçut, au travers de la vitre, sa tante et son petit cousin Baptiste.

de la chandelle allumée, elle aperçut sa tante et un de ses petits cousins, Baptiste, qui se mettait au travail, son livre de classe sur ses genoux.

« Il ne pourra pas jouer avec moi, pensa Simonne, et peut-être mes cousines non plus ; je vais tout de même entrer pour dire bonjour. »

En entrant, elle fut frappée de voir combien

Fig. 172. — La chandelle fume et fond facilement.

la chambre était obscure ; le jour ne venait déjà plus guère du dehors, et pourtant les enfants n'avaient pour s'éclairer que la lueur de la chandelle fumeuse. La même chandelle éclairait aussi la mère, qui épluchait des pommes de terre pour la soupe du soir. Après avoir dit bonjour :

« Pourquoi donc, s'écria Simonne, avez-vous une *chandelle* qui éclaire si mal, au lieu d'une belle *bougie* blanche ?

— Pourquoi, petite fille, dit la tante ; la

belle question ! c'est que la bougie coûte plus cher
que la chandelle.  La bougie est
faite avec du *suif préparé et purifié ;*
quand on est très pauvre, il faut
bien se contenter du *gros suif* de
la chandelle. »

Simonne pensa
que sa question
était sotte, d'au-
tant plus qu'elle
se rappela une
leçon de l'insti-
tutrice sur l'é-
clairage.

FIG. 173. — **Bougie** et
**bougeoir**.

FIG. 174. — **Cierge**.

Elle aida un moment sa tante à éplucher
les pommes de terre ; puis elle se dit qu'elle
avait comme Baptiste sa leçon à apprendre, et
elle s'en alla.

II

Simonne n'avait pas fait quatre pas dans la
rue qu'elle fut rejointe par son cousin : Baptiste avait à la main une burette de fer-blanc.
« Comme je sais déjà le premier paragraphe
de ma leçon, s'écria Baptiste, maman m'a

---

1. Avec quoi fait-on la bougie ? | Nom spécial par lequel on désigne
le suif préparé des bougies ? *stéarine.* | Avec quoi fabriquait-on autre-
fois la bougie et les cierges ? Avec la cire des abeilles. — **2.** *Burette ?*
vase pour contenir l'huile et la verser commodément. — *Fer-blanc ?*
fer en lames minces recouvert d'une couche d'étain pour le garantir
de la rouille. — **3.** *Paragraphe ?* subdivision d'un chapitre.

permis d'aller avec toi acheter de l'huile pour la lampe du soir, la lampe que nous allumons lorsque tout le monde est rentré. »

FIG. 175. — « Je vais acheter de l'huile pour la lampe du soir. »

— Bon, dit Simonne, allons ensemble chez l'épicier. »

Et comme elle se rappelait de nouveau la leçon que l'institutrice lui avait faite sur l'éclairage, elle dit à Baptiste, toute fière de son savoir : — « Qu'est-ce qu'il faudra demander chez l'épicier? de l'huile de *colza* ou de *navette?* Je sais que ce sont les deux meilleures huiles à brûler.

— Oh ! dit Baptiste, l'épicier nous donnera de celle qu'il aura, mais maman m'a recommandé de ne jamais acheter de *pétrole*, car le pétrole peut causer des accidents et mettre le feu. »

Au même moment, les deux enfants aperçurent dans la maison d'en face une grande

FIG. 176. — Les enfants aperçurent dans la maison d'en face une grande lampe allumée.

**Programme de sciences élémentaires :** — 1. *Lampe :* de quoi se compose une lampe? mèche qui plonge dans l'huile; bec, qui porte la mèche; réservoir, qui contient l'huile et d'où elle monte jusqu'au bec: cheminée de verre: globe, etc. — 2. *Huile à brûler :*

lampe allumée et, sous la lampe, des petites filles qui cousaient assises en rond.

« Tiens, dit Baptiste, je crois justement que c'est une *lampe à pétrole*. »

Les deux enfants s'arrêtèrent un instant à 1 regarder la belle lampe, dont l'abat-jour rabattait

la lumière sur les mains actives des fillettes.

« Toi qui es si savante, dit tout à coup Baptiste, sais-tu d'où vient le pétrole? »

Simonne resta un instant interdite, et

Fig. 177. — Mines de pétrole, en Amérique.

avant qu'elle eût pu trouver, Baptiste s'était écrié :

« Eh bien, moi, je sais que le 2 pétrole est une huile qui vient jusque d'Amérique ; on la 3 trouve là-bas dans la terre. Si on approchait de cette huile une allumette, elle prendrait 4 feu aussitôt et produirait des explosions comme la poudre. Ainsi, ces petites filles n'ont

Fig. 178. — Le pétrole prend feu facilement et fait explosion.

---

quelles sont les meilleures huiles à brûler? — **1.** *Abat-jour ?* appareil qui renvoie la lumière de haut en bas. | Origine de ce mot? — **2.** *Pétrole :* de quel pays il nous vient. — **3.** Où trouve-t-on le pétrole? — **4.** Le pétrole prend-il feu facilement?

6.

qu'à faire grande attention et à prendre garde
de briser leur lampe. »

Le jeune Baptiste avait parlé tout d'une¹
haleine, enchanté d'en savoir si long. Cela dit,
il entra dans la boutique de l'épicier.

## III

La nuit était tombée tout à fait sur les
rues de la ville. De la boutique
où ils étaient, les deux enfants
aperçurent un homme qui
courait à toutes jambes.

FIG. 179. — L'allumeur
du gaz.

Il portait à la main une
longue perche, et au bout de
la perche un flambeau allumé:
c'était l'allumeur du *gaz*.    ²

« Encore une nouvelle sorte
de lumière! » dit Simonne.

Dès que l'allumeur approchait
son flambeau des becs de gaz,
une langue de flamme jaillissait : le bec était allumé
comme par enchantement; la nuit s'éclairait.
L'allumeur continuait son chemin, et toute

une ceinture de feux commençait à envelopper les maisons :

« Comme il se hâte, l'al-
lumeur ! dit Baptiste, et pourtant il ne va pas encore aussi
vite que la nuit qui tombe. »

Quand l'épicier eut fini
d'emplir la burette de Baptiste, toute la rue, à perte
de vue, était illuminée.

Fig. 180. — Une ceinture de feu
commençait à envelopper les
maisons.

Les deux enfants se quit-
tèrent pour rentrer chacun à la maison, émerveillés
d'avoir à présent leur route si bien éclairée.

Quand Simonne fut chez elle, elle alluma
sa bougie pour se mettre au travail ; toutes les
lumières de la rue dansaient encore devant ses
yeux, depuis les lampes jusqu'aux becs de
gaz, et elle avait bien des distractions.

Mais le souvenir de son cousin si studieux
lui revint à l'esprit ; elle fit un
grand effort d'attention, et, au
bout d'un quart d'heure, toute
la page du livre qu'elle avait à
apprendre s'était logée dans sa
jeune tête. Elle souffla sa bougie
et courut à table, car c'était l'heure du dîner.

Fig. 181. — Sa leçon
apprise, Simonne
souffla sa bougie.

---

**Programme de grammaire :** — **1.** *Émerveillés ?* étonnés et
charmés. D'où vient ce mot ? — **2.** *Distraction ?* inattention d'un
instant. | Adjectif correspondant ? *distrait.* | Chercher le contraire de
*distrait* et *distraction ? attentif, attention.*

## 47. — Soins à donner aux infirmes. Le petit frère paralysé.

Louis et Jean étaient jumeaux ; ils habitaient avec leurs parents une maison perdue dans la campagne.

Fig. 182. — Louis partait chaque jour pour l'école.

Louis, petit bonhomme robuste, au pied solide, faisait bravement chaque jour, pour aller à l'école, l'heure de chemin qui le séparait du village le plus proche. Mais Jean, maigre et pâle, restait assis du matin au soir auprès de la fenêtre : depuis sa naissance ses jambes étaient molles et elles refusaient de le porter.

Un jour, Louis le trouva tout en larmes.

« Qu'as-tu donc, Jean ? » lui dit-il, en courant l'em-brasser.

Fig. 183. — Un jour, en revenant de l'école, il trouva son frère tout en larmes.

— Ah ! répondit Jean, c'est que c'est bien triste de rester là tout le

---

47e Récit. — **Programme de grammaire et de sciences élémentaires :** — 1. *Jumeaux ?* frères qui sont du même âge. | Dites comment on appelle les sœurs qui sont aussi du même âge ? *sœurs jumelles.* — 2. *Robuste ?* fort. | Adjectifs contraires ?

jour ; je ne peux pas aider mes parents comme toi, je ne peux pas aller à l'école, je ne sais rien, je ne serai jamais qu'un ignorant.

Et Jean de pleurer de plus belle.

Louis se sentait le cœur gros, lui aussi : il ne savait comment consoler son frère.

Enfin il lui vint une idée :

— Jean, ne pleure plus, dit-il, tu iras à l'école, tu ne seras plus ignorant. Demandons à notre père de nous prêter sa brouette, je te mènerai dedans au village.

Dès le lendemain le petit Jean, tout joyeux, voyageait dans la brouette en compagnie des livres et des cahiers, et Louis, de ses bras déjà vigoureux, la poussait hardiment devant lui.

FIG. 184. — Le petit Jean, qui est infirme, est porté par son frère à l'école.

Au bout de quelques centaines de pas, Louis commença à sentir une bien grande fatigue : la brouette, qui lui avait semblé très légère, lui paraissait devenue lourde, lourde, comme si ses deux bras allaient s'arracher de ses épaules ; mais Louis était persévérant, et la vue de son frère, si heureux à la pensée d'aller

---

**Programme de grammaire** · — **1.** *De plus belle ?* de plus belle façon, de plus en plus. — **2.** *Brouette ?* combien de roues a-t-elle ? — **3.** *Persévérant ?* qui ne renonce pas facilement à ce qu'il a entrepris.

à l'école, lui redonnait du courage. Après s'être reposé un moment, il reprit sa route, arriva à l'école, et installa lui-même son frère sur un banc à côté de lui.

FIG. 185. — Le frère de Jean le fit sortir de la brouette et l'installa sur un banc à l'école.

Il en fut de même tous les jours. Par le froid, Jean s'enveloppait d'un chaud manteau ; par la pluie, il se couvrait d'un grand parapluie rouge ; Louis n'avait jamais froid, lui qui tirait la brouette, et il riait quand la pluie lui entrait dans le cou.

Jean travailla si bien à l'école, qu'il eut vite rattrapé ses camarades de classe, et qu'il fut bientôt à leur tête.

FIG. 186. — L'instruction de Jean lui permit de devenir employé à la mairie.

Plus tard, ses jambes prirent de la force, il put marcher ; mais il était trop délicat pour travailler aux champs ; alors il laissa Louis remplacer son père, déjà vieux ; pour lui, son instruction lui permit de devenir employé à la mairie, au bureau de l'état civil.

---

**Programme de grammaire :** — 1. *Installer ?* placer, établir. — 2. Expliquer cette expression : *être à la tête* de ses camarades.
**Programme d'instruction civique :** — 3. *Mairie* ou *maison commune ?* maison où siègent le maire de la commune, le conseil municipal et les employés de l'administration communale. — 4. *Bureau de l'état civil ?* bureau où l'on inscrit sur un registre toutes les naissances, tous les décès, tous les mariages de la commune.

Comme il était reconnaissant à son brave
et cher Louis!

— Maintenant, disait-il, mes parents, au lieu
de m'avoir à leur charge, peuvent compter
sur moi comme sur les deux bras robustes de
Louis; j'en suis fier, et c'est à mon frère aîné
que je le dois; c'est grâce à lui que je
pourrai toute ma vie *travailler*, être *indépendant*, être *heureux*.

2 PRÉCEPTES DE MORALE. — *Quand il y a dans
la famille un* **enfant infirme,** *ses frères et ses
sœurs doivent* **l'aimer plus encore** *que s'il était
fort et bien portant.*

*Ils doivent* **prendre soin de lui** *et faire tout
ce qu'ils peuvent pour le rendre heureux.*

## 48. — Le travail est obligatoire pour tous les hommes.

### I

#### ADOLPHE LE PARESSEUX

Comme Adolphe était fils de parents riches, il se
disait en lui-même : « Je n'aurai point à gagner
ma vie; pourquoi me fatiguer à apprendre ? »

Son père, qui était banquier, l'appela un matin[1] dans son cabinet.

FIG. 187. — Le père d'Adolphe, qui était banquier, l'appela dans son cabinet.

FIG. 188. — On emmena Adolphe, encore tout étonné, dans une carriole arrêtée à la porte.

« Adolphe, dit-il d'un ton grave, j'ai essayé en vain bien des moyens pour te corriger de ta paresse et de ta sotte vanité. Il y en a un dont je n'ai pas encore usé. Je connais, aux environs, une famille de paysans pauvres, mais très instruits : je vais t'envoyer chez eux passer le temps des vacances, peut-être davantage ; tu vivras de leur vie, cela t'apprendra bien des choses. »

On mit à Adolphe une blouse de toile, un pantalon[2] grossier et des souliers à semelles ferrées. Puis on l'emmena, encore tout étonné, dans une mauvaise carriole arrêtée à la porte.[3]

## II

### LA RICHESSE NE FAIT POINT LA FORCE NI LA SANTÉ

Le paysan qui s'était chargé d'Adolphe était un

---

48ᵉ Récit. — **Programme de connaissances élémentaires :**
— **1.** *Banquier ?* homme qui fait des opérations d'argent, qui *prête* de l'argent, ou qui en *avance ;* par exemple il paye tout de suite à un commerçant, moyennant *escompte*, une somme qu'un autre commerçant doit lui payer dans un mois, deux mois, etc. — **2.** *Toile ?* tissu fait avec du fil. | Diverses sortes de fil ? | Différence entre la toile et le drap ? — **3.** *Carriole ?* petite charrette couverte ; mauvaise voiture.

cultivateur des environs. Dès qu'il fut arrivé à sa ferme avec l'enfant, on se mit à table.

On servit une pleine soupière de soupe aux choux, puis du pain bis, du lard et du fromage. Adolphe, habitué au pain blanc de la ville et aux friandises, ne voulut point manger.

Fig. 189. — On servit chez le fermier une pleine soupière de soupe aux choux.

« Comme tu voudras, mon enfant, lui dit le paysan. Ce soir tu auras meilleur appétit. »

On dîna vite. Adolphe faisait assez triste mine. Le dîner fini, les enfants demandèrent à Adolphe s'il voulait jouer avec eux.

Adolphe résolut de faire contre mauvaise fortune bon cœur ; il accepta donc. Seulement ces enfants lui parlaient avec une familiarité qui blessa notre vaniteux. Il leur vanta alors sa belle maison,

Fig. 190.— Le dîner fini, les enfants demandèrent à Adolphe s'il voulait jouer.

ses domestiques. Les enfants l'écoutaient à peine.

« Que tu sois riche ou non, dit l'aîné des enfants, peu nous importe. Joues-tu à cache-cache ? »

Toute la bande d'enfants se dispersa, et Adolphe, après un peu d'hésitation, se mêla au jeu.

---

**Grammaire :**—**1.** *Pain bis?* pain de couleur brune. | Divers emplois du mot *pain ?* pain à cacheter, pain de sucre, d'épice, etc.—**2.** *Familiarité ?* façon libre. | Traiter quelqu'un avec familiarité, le traiter comme s'il était de votre « famille. » | D'où vient *familiarité ?* de familier. Sens divers du mot *familier :* « exercice familier, » « langage familier, » etc.

Seulement Adolphe, habitué à la paresse et qui se promenait le plus souvent en voiture, était bien moins vigoureux et moins agile que tous ces jeunes paysans : ceux-ci avaient même appris la gymnastique à l'école.1 Il était toujours pris, et son tour d'*être le chat* revenait sans cesse.

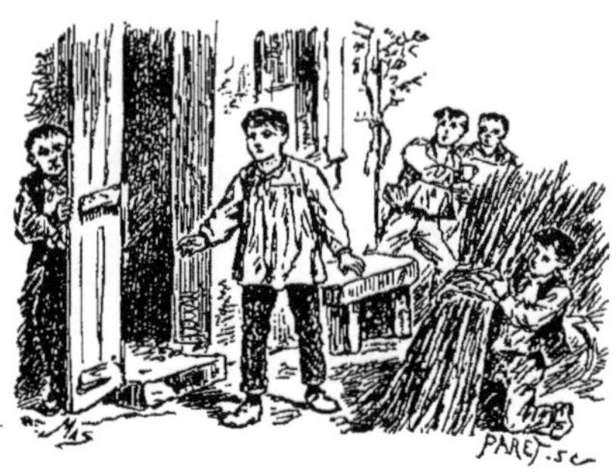

FIG. 191. — Le jeu de cache-cache.

« Je vois que tu ne sais pas courir vite, dit l'un des enfants ; sais-tu sauter? Tiens, nous allons jouer à qui sautera ce fossé. »

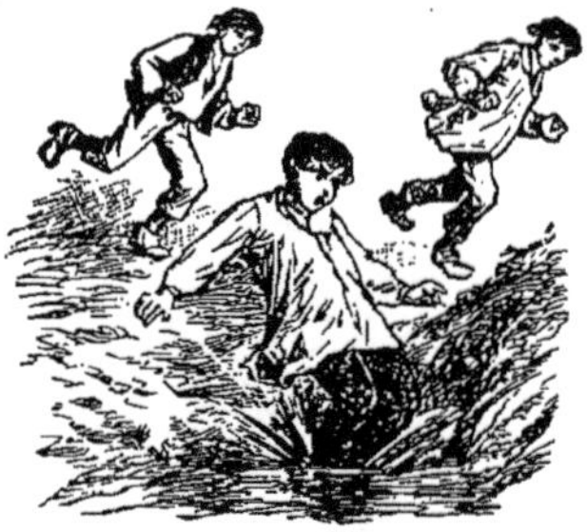

FIG. 192. — Il alla tomber juste au milieu du fossé.

Et tous les enfants prirent leur élan en poussant des cris de joie. Ils s'enlevaient en l'air et retombaient légèrement sur l'autre rive du fossé.

« Cela n'est pas difficile, dit Adolphe. Je saute ainsi de la voiture de mon père. »

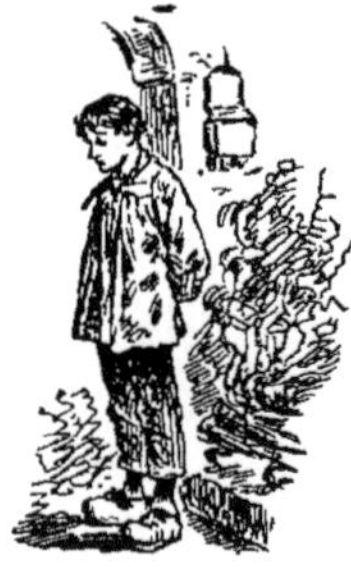

FIG. 193. — Il alla se sécher près de la grande cheminée.

Il prit un bel élan, s'enleva le plus haut qu'il put et alla tomber juste au milieu du fossé boueux.

Ses camarades accoururent, lui tendirent la main. Adolphe se releva ; puis il alla se sécher près de la grande cheminée de cuisine, en reconnais-

---

**Programme d'hygiène :** — 1. Quel est le moyen d'acquérir de la force et de l'adresse?

sant que toute sa richesse n'avait pas suffi à lui donner de bonnes jambes, de la force et de l'adresse.

## III

### LA RICHESSE NE FAIT POINT LE SAVOIR

Adolphe allait d'humiliation en humiliation. Cependant il se disait : — Si je ne suis pas aussi fort que tous ces garçons nourris de pain bis, je suis du moins bien plus intelligent.

Quand il se retrouva avec ses camarades, il voulut les éblouir de ses connaissances ; il leur parla de la ville, des grandes rues, des beaux magasins.

Les autres enfants l'écoutèrent sans surprise, car ils avaient déjà entendu parler de tout cela à l'excellente école de l'endroit, où ils étaient toujours des premiers ; ils répondirent à Adolphe en lui

Fig. 194. — Quand il se retrouva avec ses camarades, il voulut les éblouir de ses connaissances.

racontant eux aussi tout ce qu'ils savaient, non pas seulement sur la ville voisine, mais sur la France entière, son histoire et ses grands hommes.

Adolphe commença enfin à comprendre combien il était ignorant, lui qui croyait tout savoir. Il tâchait

---

**Programme de grammaire et de géographie :** — **1.** *Éblouir?* ce verbe est-il pris ici au sens propre ou au figuré ? — **2.** Que savez-vous sur la France ? | quelles sont ses villes les plus importantes ? | ses fleuves ? | ses chaînes de montagne ? | quels grands hommes de France connaissez-vous ?

pourtant de ne pas trop montrer le bout de l'oreille d'âne ; mais les ignorants se découvrent vite.

Parmi les enfants du fermier les aînés savaient très bien dessiner ; ils s'assirent à une petite table, et couvrirent de jolies figures une feuille de papier blanc.

Fig. 195. — Parmi les enfants du fermier, les uns dessinaient, les autres étudiaient dans leurs livres.

D'autres avaient pris des livres d'étude et lisaient attentivement, car, malgré les vacances, ils avaient des devoirs et des leçons.

Adolphe s'approcha pour lire par-dessus leurs épaules ; mais il n'était pas assez instruit pour bien comprendre.

Il se trouva donc relégué dans son coin pendant l'heure du travail comme il l'avait été à l'heure du jeu. Il vit que la richesse ne pouvait pas plus remplacer le savoir qu'elle ne remplace les jambes agiles. Il se sentait rougir au moindre regard des autres enfants.

## IV

### TRAVAILLER ENSEMBLE, C'EST COMMENCER A S'AIMER

On pense bien que, le soir de ce jour-là, Adolphe mangea, malgré tout, de bon appétit la soupe aux choux et le pain gris mêlé de seigle.

---

**Programme de morale :** — 1. Moyen de ne pas se trouver sans cesse humilié dans la conversation et dans toutes les relations de la vie?

**Programme de sciences élémentaires :** — 2. *Seigle?* céréale dont l'épi long est chargé de grandes arêtes dures. | *Ergot* de seigle? sorte de champignon qui croît sur le seigle et qui, dans le pain, peut rendre malade.

1 Le lendemain il s'éveilla frais et dispos des membres, mais le cœur gros, car tout son dépit de la veille s'était changé en tristesse. Il s'en alla à l'écart. Il n'osait plus s'approcher de ses camarades. Il

FIG. 196.— Le soir, il avait mangé de bon appétit.

FIG. 197. — Le lendemain, il s'éveilla frais et dispos des membres, mais le cœur gros.

aurait bien donné une bonne part de ses richesses pour posséder leur vigueur et leur esprit vif, pour savoir tout ce qu'ils savaient. Enfin il se sauva dans un 2 coin de la grange, derrière une charrette de paille, et là, se cachant la tête dans les mains, il se mit à pleurer.

A ce moment le plus jeune fils du fermier, qui le cherchait depuis quelque temps, finit par le découvrir dans sa

FIG. 198. — Il se sauva derrière une charrette de paille et se mit à pleurer.

cachette et s'approcha de lui. C'était le petit Charles : 3 il avait une figure bien douce, tout encadrée de cheveux blonds.

« Je vois bien pourquoi tu pleures, dit Charles à Adolphe. D'abord tu penses sans doute à ton père, qui est loin de toi. Et puis tu restes tout seul ici, parce que tu n'es point de force à jouer ni à travailler avec nous tous. Eh bien, écoute, c'est moi qui suis le moins avancé de mes frères. Veux-tu jouer avec moi et avec mes petites sœurs? Ensuite, à l'heure du travail, nous étudierons tous deux dans le même livre. »

Adolphe releva la tête en entendant cette voix qui lui parlait d'un ton si affectueux ; il découvrit son visage tout mouillé de larmes qu'il cachait dans ses mains, et il sourit au jeune Charles. Il ne se sentait plus seul, abandonné de tous comme il l'avait été de son père même, à cause de sa honteuse paresse.

Il voulut tout de suite se mettre au travail, pour réparer plus vite le temps qu'il avait perdu jusque-là. Il s'assit à côté du jeune Charles, et c'était plaisir de les voir tous deux, l'un plus petit et plus instruit, l'autre plus grand et bien docile, lire dans le même livre en tâchant de tout comprendre et de tout retenir.

Fig. 199. — C'était plaisir de les voir tous deux lire dans le même livre.

Puis ils firent les mêmes devoirs. Adolphe, peu à peu, prit l'habitude du travail ; au lieu de bâiller devant ses livres et ses cahiers, il ouvrait ses yeux tout grands, comme pour regarder quelque chose de bien intéressant ; et en effet ce qu'il apprenait commençait à l'intéresser beaucoup. Il est si doux de s'instruire !

Ensuite, le travail accompli, le jeu lui paraissait meilleur. Il gambadait dans les champs avec Charles[2] et ses sœurs, comme si le contentement du cœur

---

**Programme de morale :** — **1.** Est-ce un devoir de ne pas bâiller devant ses livres d'instruction et de s'intéresser à ce qu'on lit ?

**Programme de grammaire:** — **2.** *Gambader?* sauter au hasard.

l'eût rendu plus léger. Bientôt même il prit de la force au bon air de la campagne et put s'amuser avec les camarades du même âge que lui.

Le père d'Adolphe vint le voir. Il l'embrassa, il lui dit : « Je suis content de toi, » et cette parole, qu'Adolphe n'avait presque jamais entendue dans sa vie de paresse, lui parut si douce à entendre qu'il en rêva toute la nuit. Il lui semblait que tout le monde, jusqu'aux gens de

FIG. 200. — Il put s'amuser avec les camarades de son âge et faire de la gymnastique sur les branches d'arbres.

la ferme et au gros chien de berger qu'il aimait à caresser le soir, lui répétaient le mot de son père : « Je suis content de toi, content de toi. »

Il resta six semaines à la campagne. Son père, au bout de ce temps, le ramena transformé : Adolphe avait appris combien

FIG. 201. — Son père l'embrassa en lui disant : « Je suis content de toi. »

FIG. 202. — Au bout de six semaines, son père le ramena transformé.

peu valait la richesse à côté du travail et de l'instruction.

---

**Programme d'hygiène :** — 1. L'air des champs est-il une bonne chose pour la santé ? | Est-il bon de vivre renfermé, sans prendre d'exercice, sans respirer le grand air ?

**Programme de morale :** — 2. La richesse peut-elle jamais remplacer le travail et l'instruction ? | Le travail et l'instruction

Il entra dans un grand collège où il continua à travailler de tout son cœur. Charles et lui n'avaient pas cessé de s'aimer et de s'écrire.

FIG. 203. — On pense si les deux camarades furent heureux de se retrouver à la porte du collège.

Plus tard Charles, qui était le meilleur élève de son école, obtint gratis une place dans le même collège qu'Adolphe, car les élèves laborieux peuvent gagner au concours une *bourse* que leur donne l'État pour payer leur entrée dans un collège. On pense si les deux camarades furent contents de se retrouver.

Toute leur vie ils restèrent amis, et toute leur vie ils travaillèrent l'un à côté de l'autre.

MAXIME. — *Autrefois il y avait parmi les hommes des vilains et des nobles ; aujourd'hui tous naissent égaux et il n'y a plus qu'une seule marque de noblesse : le travail. Les* **vrais nobles** *sont les* **travailleurs.**

peuvent-ils souvent donner la richesse ? | Proverbe à expliquer : *Par savoir vient avoir.*

**Programme d'instruction civique :** — **1.** *Collège ?* établissement où l'on enseigne les langues anciennes et modernes, les lettres, les sciences. | Différence entre les *collèges* et les *lycées ?* les collèges sont entretenus par les villes, les lycées sont entretenus par l'État. | *L'État ?* l'ensemble du pays, la France. — **2.** *Concours ?* examen dans lequel divers candidats sont en lutte pour obtenir un prix, une place. ou une *bourse.* | *Boursier ?* élève dont l'entretien est payé par la commune, le département ou l'État. — **3.** Comment un enfant pauvre peut-il entrer dans un collège, s'il est laborieux et intelligent?

## 49. — Le thermomètre de mon père. — La dilatation des corps par la chaleur. — Comment on s'y prend pour graduer le thermomètre. — La chaleur du corps humain.

1 Dans l'embrasure de sa fenêtre mon père a deux instruments auxquels il m'a bien défendu de toucher : ces deux instruments sont deux tubes de verre fixés à une planchette ; il appelle l'un son *thermomètre*, l'autre son *baromètre*.

Souvent je le vois se pencher sur eux, les regarder d'un air attentif ; puis, son examen fait, il me dit : « Maurice, il fera beau temps demain ; nous irons nous promener. » D'autres fois il prédit la pluie, la

FIG. 204. — Dans l'embrasure de sa fenêtre, mon père a un thermomètre et un baromètre.

2 gelée, et le temps lui a donné raison si souvent que les voisins viennent le consulter comme un médecin : « Monsieur, ayez donc la bonté de regarder votre baromètre ; nous voudrions aller demain à la ville vendre des légumes, mais nous craignons le mauvais temps. »

Un soir, je ne me tins plus de curiosité ; j'allai bravement vers mon père et je le suppliai de m'expliquer comment étaient faits ces précieux instruments, qui lui indiquaient si bien le froid ou le chaud, le beau temps ou la pluie.

---

49e RÉCIT. — **Programme de grammaire :** — 1. *Embrasure ?* ouverture pratiquée dans un mur pour une fenêtre ou une porte, et qui va en s'élargissant à l'intérieur.

**Programme d'horticulture :** — 2. *Gelée :* précautions diverses contre la gelée.

GUYAU. — *Année prép.*

7

Mon père sourit, me regarda dans le blanc des yeux pour voir si je serais bien attentif, réfléchit un instant. « Eh bien, soit, dit-il, je t'apprendrai comment est fait mon thermomètre ; mais auparavant, j'ai besoin d'eau chaude. Emplis la bouilloire jusqu'aux bords, — jusqu'aux bords, tu m'entends ; mets-la au feu, et surtout prends bien garde à une chose,

Fig. 205. — Je remplis la bouilloire jusqu'en haut.

c'est qu'il ne se perde pas une goutte d'eau pendant qu'elle chauffera. »

Vite, je remplis la bouilloire jusqu'en haut. Un bon feu flambait dans la cheminée, et j'approchai tout doucement la bouilloire du charbon : je n'avais pas fait tomber une goutte d'eau.

Mais voici une chose que je ne prévoyais pas ; à peine l'eau commençait-elle à tiédir et à chanter tout doucement, qu'elle commença aussi à glisser par dessus les bords, et vint mouiller les charbons rouges : je n'y compris rien.

Fig. 206. — « Père, père, on dirait que la chaleur fait grossir l'eau. »

— « Père, père, l'eau s'en va sans que j'y puisse rien faire ; à mesure qu'elle chauffe, elle ne veut plus tenir dans la bouilloire. On dirait que la chaleur la fait grossir. »

Mon père se mit à rire. — « C'est bien là que je t'attendais, mon garçon, et ce que tu me dis là va

**Programme de grammaire : — 1.** *Bouilloire?* vase de métal pour faire « bouillir » l'eau. | Origine de ce mot? *Bouillir.* | Mots parents : *bouillon, bouilli, bouillie,* etc.

te faire comprendre tout à l'heure mon thermomètre.

« Oui, la chaleur fait grossir ou, pour parler mieux, *dilater* l'eau. Si on remplissait d'eau le petit tube de mon thermomètre, on verrait l'eau monter dedans par le simple effet de la chaleur, descendre par l'effet du froid. Et ce n'est pas seulement l'eau qui se dilate ainsi par la chaleur: tous les corps en font autant. Tiens, regarde ce fil de fer : quand je l'approche de la lampe, il se dilate tout de suite, et, si je le mesurais, je le trouverais allongé de quelques millimètres. Donne-moi une de tes billes : elle passe juste par ma bague ;

FIG. 207. — Regarde ce fil de fer que j'approche de la lampe : le voilà qui se dilate.

je la mets un instant dans les cendres rouges. Tâche maintenant de la faire passer de nouveau par ma bague. »

Je pris la bille brûlante avec un chiffon, et je tâchai de la faire repasser par la bague comme tout à l'heure; mais ce fut impossible : en deux minutes elle avait grossi à vue d'œil.

— Tu vois bien, me dit mon père, que tous les corps se dilatent par la chaleur; mais en général les *liquides* se dilatent mieux que les *solides*, enfin l'eau se dilate mieux que la pierre ou le fer, l'*alcool* ou le *mercure* se dilatent mieux que l'eau.

Aussi est-ce de l'alcool ou du mercure qu'on emploie de préférence pour placer dans le tube des thermomètres.

« — Regarde mon thermomètre : vois-tu cette sorte de liquide blanc qui est à l'intérieur? C'est du mercure ; s'il fait chaud, le mercure montera dans le tube comme l'eau dans ta bouilloire ; s'il fait froid, le mercure redescendra. »

Mon père s'approcha de l'instrument pendu à la muraille, le décrocha : « Tu vas voir comme il est sensible à la moindre chaleur, me dit-il ; pose ta main dessus. »

Je posai ma main, non sans respect, sur le thermomètre auquel je n'avais jamais osé toucher ; je la laissai quelques instants sur le petit réservoir plein de mercure, et le mercure monta à vue d'œil dans le tube :

Fig. 208. — Je posai ma main sur le petit réservoir du thermomètre.

— Voyez, père, il monte, il monte, comme s'il sentait ma main.

— Oui, Maurice, et il monterait bien plus haut encore si tu l'approchais du feu ou si tu le plongeais dans cette eau qui, en ce moment, bout à gros bouillons. Pour fabriquer les thermomètres, on les plonge ainsi dans l'eau bouillante, ou, mieux encore, dans la vapeur d'eau bouillante ;

---

**Programme de physique élémentaire :** — **1.** *Mercure* ou *vif-argent?* le seul des métaux qui soit liquide à la température ordinaire : il s'extrait de la terre, surtout au Mexique et dans la Californie. — **2.** Comment est fait un thermomètre? | Tube de verre, réservoir, planchette de bois avec graduation. — **3.** Comment s'y prend-on pour graduer les thermomètres? | Que représente le chiffre 100 ?—le chiffre 0? — Expliquer cette expression : la température est tombée au-dessous de zéro. | Qu'appelle-t-on *degrés de chaleur, degrés de froid?*

ils montent jusqu'à un endroit qu'on marque du chiffre 100 : c'est la chaleur de l'eau bouillante. Cela fait, on les enfonce dans de la glace pilée, et ils descendent jusqu'à un point qu'on marque zéro : c'est la température de la glace. Il ne reste plus ensuite qu'à diviser en 100 parties égales l'intervalle qui s'étend entre les deux marques : c'est ce qu'on appelle des *degrés*. Vois-tu sur

Fig. 209. — Le tube B est plongé dans l'eau bouillante ; le thermomètre A dans de la glace pilée.

la planchette de mon thermomètre tous ces degrés qui s'échelonnent depuis 0 jusqu'à 20, 30, 40 ? ce sont comme les barreaux d'une échelle, le long de laquelle monte et descend sans cesse le mercure, suivant qu'il fait chaud ou froid.

« Le thermomètre sert ainsi à mesurer la chaleur des objets ou simplement celle de l'air ; son nom 1 même vient de deux mots grecs qui signifient *mesure de la chaleur*. Le thermomètre est très utile dans la vie courante ; il est absolument néces- 2 saire dans la science, par exemple dans la *phy-* 3 *sique* et la *chimie*. Il ne l'est pas moins dans une 4 autre science appelée *météorologie*, qui s'occupe du temps : grâce au thermomètre et à cet autre instru-

---

**Programme de physique élémentaire :** — **1.** D'où vient ce mot *thermomètre ?* — **2.** *Physique ?* science importante qui étudie les forces de la nature, comme l'électricité, la lumière, la chaleur, etc. | Quelle est la science qui s'occupe de la construction du thermomètre ? — **3.** *Chimie ?* science qui étudie de quoi sont composés les divers corps, comme l'eau, l'air, etc. — **4.** *Météorologie ?* science qui traite du temps et de tous les phénomènes atmosphériques. | A quoi sert cette science ?

ment, le baromètre, le météorologiste peut souvent prévoir le temps qu'il fera et l'annoncer aux agriculteurs ou aux marins.

« Enfin la médecine se sert aussi sans cesse du thermomètre : aujourd'hui les médecins en portent presque toujours un avec eux ; ils le placent dans[1] la main ou sous l'aisselle des[2] malades, quelquefois dans leur bouche, et ils voient ainsi si leurs malades ont une forte fièvre. Regardons, Maurice, jusqu'où est monté ton thermomètre à la chaleur de ta main : 37 degrés. Cela veut dire que tu n'as pas de fièvre, mon garçon, car la chaleur

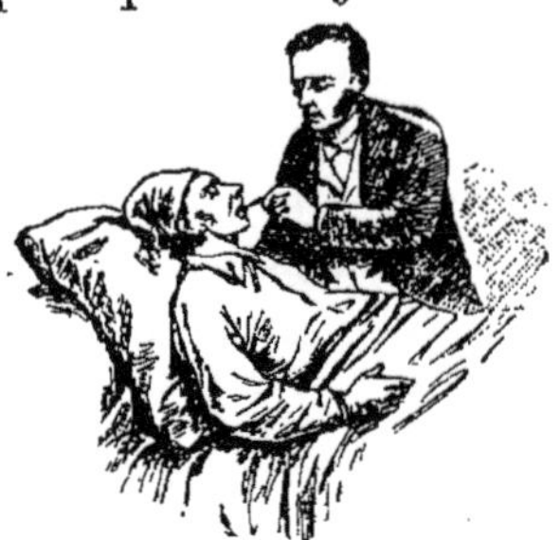

Fig. 210. — Les médecins placent souvent le thermomètre dans la bouche de leurs malades.

habituelle du corps humain est juste de 37 degrés,[3] quoiqu'elle puisse monter dans certaines fièvres jusqu'à 40 et 41 degrés.

## 50. — La pompe et le puits du jardin. — La pesanteur de l'air. — L'art de boire avec un brin de paille. — Comment fonctionnent les pompes. — Le piston et les soupapes.

Je serais resté longtemps à écouter mon père ; mais celui-ci se leva brusquement.

— Eh bien, dit-il, et notre jardin à arroser ! Il n'a

---

**Programme d'histoire naturelle :** — **1.** Le thermomètre est-il utile aux médecins ? — **2.** *Aisselle ?* creux qui se trouve sous le bras, à l'endroit où il se joint au corps. — **3.** Chaleur normale du corps humain ? | Température de certaines fièvres (par exemple la fièvre typhoïde)?

1 pas plu depuis huit jours, et je vois d'ici nos salades pencher tristement la tête, pendant que nous bavardons.
2 Vite à la pompe, mon garçon. Ce ne sera pas trop d'une trentaine d'arrosoirs ; tu pomperas et moi j'arroserai.

En trois sauts je fus au jardin, et je me mis bravement à pomper. Tout en travaillant, je pensais à ce que mon père m'avait enseigné 3 et aux effets de la chaleur sur les corps. J'examinais plus curieusement tout ce

FIG. 211. — Je pompais; mon père arrosait.

qui m'entourait ; il me semblait qu'en regardant bien tout autour de moi j'allais découvrir une foule de choses nouvelles comme celles que je venais d'apprendre.

Tout d'un coup, en regardant l'eau qui jaillissait 4 blanche d'écume du robinet de la pompe, une idée me vint à l'esprit : « Cette eau monte quand je pompe, mais pourquoi monte-t-elle ? »

Je réfléchis là-dessus tout en emplissant mes trente arrosoirs ; à peine le dernier était-il plein et vidé au pied de la dernière laitue, que je courus prendre la main de mon père et que je l'amenai devant le puits.

---

50e RÉCIT. — **Programme d'horticulture :** — 1. *Salades ?* (de *saler*). Diverses sortes de salades ? | Culture de la laitue ? de la chicorée ? etc.

**Programme de grammaire et de physique :** — 2. *Pompe ?* machine qui sert à élever l'eau. — 3. Résumer les effets de la chaleur sur les corps, indiqués dans le chapitre précédent. — 4. *Robinet ?* pièce d'un tuyau de fontaine qui sert à retenir l'eau ou à la faire couler. | Origine de ce mot ? *robin,* vieux nom donné au mouton et qui passa aux robinets des fontaines publiques parce qu'on les sculptait jadis en forme tête de mouton.

— « Je vous en prie, père, je vous en prie, expliquez-moi comment l'eau a pu monter du puits, qui est si profond, dans mon arrosoir.

— Tu es bien curieux aujourd'hui, dit mon père ; ce matin c'était le *thermomètre* que tu voulais comprendre, maintenant ce sont les *pompes*, tout à l'heure ce sera le baromètre, je parie.

Fig. 212. — « Je vous en prie, père, expliquez-moi ce qui fait monter l'eau dans les pompes. »

— Oui, oui, père ; expliquez-moi tout cela.

— Eh bien, en deux mots, ce qui fait monter l'eau dans les pompes, c'est le poids de l'air. Tu ne te doutais pas de cela, Maurice : l'air qui nous entoure, l'air que tu respires, l'air est pesant. Et comme il y a une grande masse d'air par-dessus nos têtes, cela fait un poids bien plus grand que tu ne pourrais l'imaginer. Si tu ne sens pas ce poids, c'est qu'il pèse sur ton corps de tous les côtés à la fois, à droite, à gauche, en dessus, en dessous et à l'intérieur même. Nous vivons et nous nous mouvons dans l'air comme le poisson dans l'eau, qui est pourtant bien plus lourde encore que l'air. »

Fig. 213. — Les poissons se meuvent facilement dans l'eau, parce qu'elle pèse sur eux de tous les côtés à la fois.

---

**Programme de physique élémentaire :** — 1. L'air est-il pesant ? — 2. Pourquoi ne sentons nous pas ce poids ? — 3. Les poissons sentent-ils le poids de l'eau ?

J'étais très étonné. Mon père me laissa réfléchir un moment pour bien comprendre ; puis il regarda autour de lui comme pour chercher quelque chose ; à ses pieds il aperçut un brin de paille qu'il ramassa : il se pencha ensuite sur un seau d'eau resté près du puits.

— « Tu vois bien l'eau de ce seau, dit mon père ; 1 rappelle-toi qu'elle est pressée sur toute sa surface par l'air comme par des mains invisibles. Regarde maintenant mon brin de paille ; j'enfonce le bout creux dans l'eau : par ce petit creux l'air trouve encore moyen de peser sur l'eau. Mais si je pouvais enlever cet air qui est dans l'intérieur du brin de paille, qu'arriverait-il ? L'eau du seau pressée sur toute sa surface, excepté sur ce petit point là, monterait bien vite dans le brin de paille. C'est ce qui va se passer tout de suite : vois, je mets un bout du chaume 2 dans ma bouche ; j'aspire l'air : aussitôt l'eau se précipite jusqu'à ma bouche, et je bois au seau avec mon brin de paille. Tu as fait cela cent fois, mais tu ne t'es jamais rendu compte de ce que tu faisais. — Elle est très fraîche et bonne, cette eau du puits ; en veux-tu boire aussi ? »

Fig. 214. — « Je bois au seau avec un brin de paille. »

Mon père me passa le chalumeau : j'étais enchanté de cette nouvelle façon de se rafraîchir.

3 — « Suppose que je sois un géant, reprit mon

---

père, et que mon brin de paille, gigantesque lui-même, ait dix mètres de long, je pourrais m'en servir pour boire au fond même du puits. J'aspirerais tout l'air contenu dans ce grand tube, et dès que j'aurais fait le vide dans ce tube, je verrais l'eau monter vers ma bouche des profondeurs du puits... Je ne suis point un géant, et j'ai songé à remplacer ma bouche et mes poumons par des instruments plus solides. La pompe de mon puits n'a d'autre but que de tenir la place de mes poumons et d'aspirer l'eau comme je le fais avec mon brin de paille. Tu vas comprendre comment elle fonctionne. »

FIG. 215. — Mon père me montra le long des parois du puits un gros tuyau de fer. le corps de pompe.

En parlant ainsi, mon père enleva le couvercle du puits qu'on m'avait bien défendu de jamais soulever, et j'aperçus, non sans un petit frisson, l'eau toute noire du fond. Alors mon père me montra le long des parois du puits un gros tuyau de fer qui descendait.

— On appelle ce gros tuyau le *corps de pompe*, et il communique avec l'eau du puits par un autre tuyau plus petit. Si le corps de pompe était en verre, tu verrais à l'intérieur un morceau de cuir appelé *piston* qui se soulève toutes les fois qu'on

**Programme d'histoire naturelle :** — **1.** *Poumons?* organes de la respiration. qui sont doubles et placés des deux côtés du cœur. — Distinction entre l'*inspiration* et l'*expiration?* dans l'inspiration la poitrine et les poumons s'agrandissent, dans l'expiration ils reviennent sur eux-mêmes et chassent l'air.
**Programme de physique :** — **2.** A quoi servent les *pompes?* — **3.** Parties essentielles de la pompe? *corps de pompe, piston.*

1 pompe. A chaque fois que le piston se soulève ainsi dans le gros tuyau auquel il s'adapte parfaitement, il chasse l'air qui se trouvait dans ce tuyau : il fait un vide, et l'eau se précipite pour remplir ce vide ; le piston attire ainsi l'eau comme si elle était aspirée par un géant.

— Je comprends, je comprends, m'écriai-je. Que je suis content de comprendre !

— N'allons pas trop vite, dit mon père. Tu comprends comment l'eau est montée dans les tuyaux ; mais ce n'est pas tout : il faut 2 l'empêcher de redescendre. Pour cela il y a dans les tuyaux et dans le piston même de petites portes 3 très commodes, appelées *soupapes*, qui ne peuvent s'ouvrir que de bas en haut : quand l'eau monte,

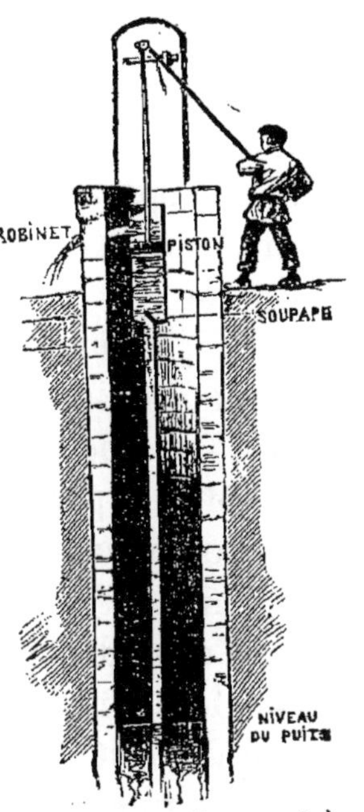


Fig. 216. — Comment la pompe fonctionne.

elle pousse ces petites portes et passe au travers ; dès qu'elle est montée, les petites portes se referment par leur propre poids, et voilà l'eau prisonnière. C'est ainsi que, quand j'ai la bouche pleine, je la referme pour empêcher l'eau de tomber. Ensuite je puis, si je veux, avaler cette eau en la faisant descendre par mon gosier : au lieu de mon gosier, il y a le

**Programme de physique :** — **1.** Qu'arrive-t-il quand le piston se soulève ? | Comment attire-t-il l'eau en se soulevant ? — **2.** Pourquoi l'eau ne redescend-t-elle pas après être montée ? — **3.** Qu'est-ce qu'une *soupape ?* | Où sont placées les soupapes du corps de pompe ? L'une est au bas du tuyau, deux autres s'ouvrent dans le piston même, et par ces deux soupapes, l'eau qui se trouvait sous le piston passe en dessus.

robinet de la pompe par lequel s'écoule avec force l'eau soulevée par le piston.

J'avais fait tant attention à ce que me disait mon père que je pensais bien avoir compris. Je me mis à pomper.

— En ce moment je chasse l'air du tuyau, n'est-ce pas, père? Une fois chassé, il ne pèsera plus sur l'eau du puits, et comme au contraire l'eau supporte par ailleurs tout un grand poids d'air, elle sera contente de trouver passage par le tuyau où je fais le vide. Je pompe un coup, deux coups ; j'entends l'eau qui monte : la voilà !

L'eau jaillissait en effet abondamment. Mon père sourit, en me disant : — Tu as compris, Maurice.

— Mais, père, repris-je, c'est donc le poids de l'air qui nous donne à boire ? c'est le poids de l'air qui nous vient en aide pour faire monter jusqu'à nous l'eau des puits ?

— Oui, mon ami ; toutefois ce poids de l'air, si fort qu'il soit, n'est pas tout-puissant ; il ne peut pas soulever une colonne d'eau qui ait plus de 10 mètres, 33 centimètres de haut. Si donc notre puits était trop profond, notre pompe refuserait son service et nous pourrions bien mourir de soif à côté de toute cette eau. Le géant même dont nous parlions, avec son gigantesque tube, ne pourrait plus l'aspirer. Tu vois que le poids de l'air n'est pas infini ; du reste

---

**Programme de physique :** — **1.** Qu'est-ce qui se passe quand on pompe ? — **2.** Le poids de l'air pourrait-il soulever une colonne d'eau de plus de 10 mètres 33 centimètres ?

PROBLÈME : — Si le poids de l'air fait monter l'eau jusqu'à 10 m. 33, à quelle hauteur fera-t-il monter un liquide 13,6 fois plus lourd que l'eau ? $\left(\dfrac{10.33}{13,6} = 0\ ,76\right)$. Ce liquide est le mercure.

je pèse l'air tous les jours, et je sais exactement
toutes ses variations de poids : c'est justement à quoi
me sert mon baromètre.

## 51. — Le baromètre.

Mon père avait trop vivement excité ma curiosité
pour refuser ensuite de la satisfaire. J'allais donc
enfin savoir ce que c'était qu'un *baromètre*. Nous
rentrâmes à la maison, et je montai vite l'escalier,
tâchant que mes petites enjambées ne fussent pas
trop en retard sur les longues enjambées paternelles.
Quand nous fûmes en face du baromètre :

— « Oui, mon enfant, me dit mon père, les hommes
ont eu l'idée de mesurer le poids de l'air,
1 et c'est à quoi sert le baromètre. Regarde
2 le tube recourbé de mon baromètre ; puis
dis-moi ce qu'il y a dedans.

— C'est du mercure, comme dans le
thermomètre.

— Oui. En haut, au-dessus du mercure, il y a une partie du tube où tu
ne vois rien : eh bien, dans ce petit coin, dans cette
3 petite *chambre*, il n'y a pas du tout d'air, rien que le
vide. Ainsi l'air extérieur ne presse mon mercure que
par en bas ; au contraire, par en haut, le mercure ne
rencontre aucun obstacle et peut monter tout à son
aise. Tu comprends donc que, lorsque l'air extérieur
est plus ou moins lourd, il pousse et soulève plus ou
moins le mercure dans le tube ; quand l'air devient
plus léger, le mercure redescend.

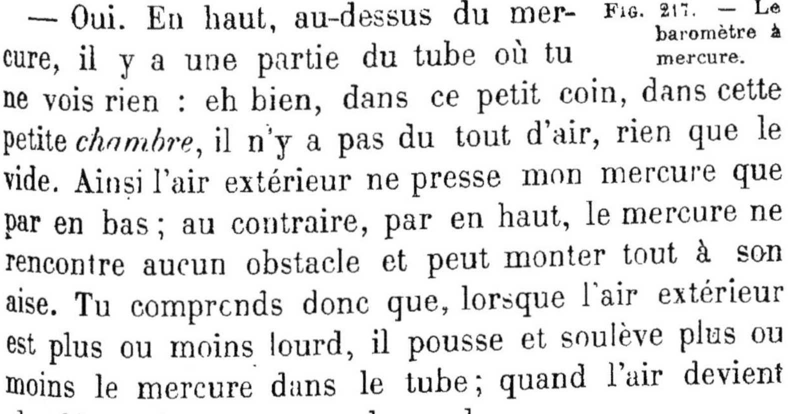

Fig. 217. — Le
baromètre à
mercure.

---

51<sup>e</sup> Récit. — **Programme de physique élémentaire : — 1.**
A quoi sert le baromètre ? — **2.** Qu'est-ce qu'il y a dans le tube du
baromètre ? — **3.** Qu'appelle-t-on chambre barométrique ?

Regarde les degrés tracés sur la planchette de mon baromètre. Le mercure est en ce moment au numéro 76; cela veut dire que la colonne d'air qui le presse pèse exactement aujourd'hui le poids d'une colonne de mercure ayant 76 centimètres de haut, ni plus ni moins. Mais l'air ne pèse pas en tout temps et en tous lieux le même poids : en général, quand l'air est chaud et humide, il est plus léger ; alors il pèse un peu moins sur le baromètre, et le mercure descend de quelques millimètres ; quand l'air est sec et un peu froid, le mercure monte : tu comprends comment le baromètre peut faire connaître l'état de l'air et faire prévoir le temps. Il ne nous dit qu'une chose avec certitude, c'est le poids de l'air ; mais, le poids de l'air étant connu, on peut souvent deviner le temps qu'il amènera.

— Je comprends, dis-je, et je vois que le baromètre est comme une sorte de balance pour peser l'air.

— Oui, une balance comme il n'y en a aucune autre, une balance pour peser ce qui est insaisissable.

« Et maintenant, Maurice, assez causé. La nuit tombe. La vieille horloge placée à côté de mon baromètre vient de sonner neuf heures. Qui a bien travaillé, doit bien dormir. Dis-moi bonsoir. »

## 52. — Patience et activité : Le fil de soie.

La jeune Madeleine était en train de coudre ;

---

**Programme de physique élémentaire :** — **1.** Lorsque le baromètre marque 76 centimètres, ou mieux 760 millimètres, qu'est-ce que cela veut dire ? — **2.** L'air pèse-t-il moins quand il est chaud et humide ? — **3.** Et quand il est froid et sec ? — **4.** Le baromètre peut-il servir à faire prévoir le temps ? — **5.** Quelle est la seule chose qu'il nous dit avec certitude ?

1 elle ourlait un fichu de soie. Il faisait beau soleil au dehors ; comme elle eût aimé à se promener ! — Jamais, pensait-elle, je n'aurai fini mon ouvrage.

Sa mère qui cousait près d'elle, devina les pensées qui traversaient cette petite tête paresseuse.

Fig. 218. — Madeleine était en train de **coudre**.

— Madeleine , veux-tu que je te raconte une histoire tout en travaillant ?

Les yeux de l'enfant brillèrent. — Oh ! oui, dit-elle ; quelle histoire allez-vous me raconter ?

— Tout simplement l'histoire de ce fil bleu et brillant qui passe à travers le trou de ton aiguille. Travaille bien, je commence.

« Autrefois, ce fil était une petite feuille verte qui s'agitait doucement au vent sur la branche d'un mûrier.

« Un jour la feuille fut cueillie par des hommes et mise dans un grand sac avec beaucoup de ses compagnes. On les apporta dans une salle chaude : c'était une *magna-*

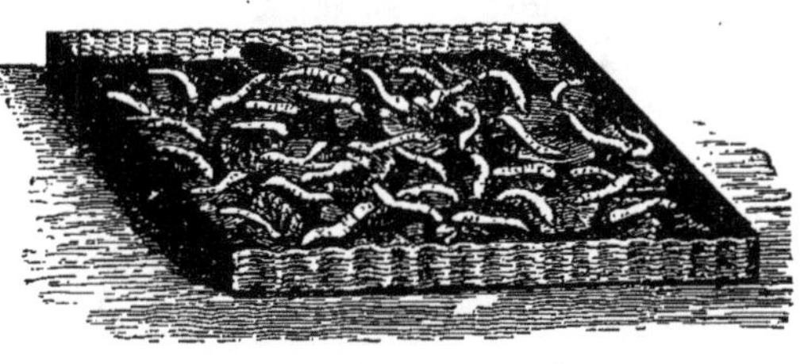

2 *nerie.*

Fig. 219. — On éparpille les feuilles de mûrier sur des **claies** où courent les **vers à soie**.

3 « On les éparpilla 4 sur de grandes claies où couraient de petits vers

---

52e Récit. — **Programme de grammaire et de sciences élémentaires :** — 1. *Fichu ?* sorte de mouchoir que les femmes portent sur le cou ou sur la tête. — 1. *Soie ?* étoffe brillante faite avec le fil du ver à soie. — 2. Comment s'appelle la salle chauffée où on élève les vers à soie ? — Nourriture des vers à soie ? — 3. *Éparpiller ?* répandre, étendre çà et là. — 4. *Claie ?* branches assemblées entre lesquelles sont laissées des claires-voies.

blancs ; l'un d'eux se mit à dévorer à belles dents les feuilles vertes ; bientôt il n'en resta plus rien, mais leur existence n'était pas finie, une nouvelle vie commençait pour elles.

« Le ver se mit à filer un petit nid bien doux : son *cocon*, et les feuilles dont il s'était nourri devinrent l'interminable fil qui formait ce nid de soie.

Fig. 220. — Le **cocon** du ver à soie.

« Des mains actives s'emparèrent du cocon et le dévidèrent. Le long fil de soie passa à d'autres mains, puis à d'autres encore.

Fig 221. — Des mains actives s'emparent des cocons et les dévident.

« Enfin, à force de temps et de patience, la feuille de mûrier est devenue ce joli fil bleu qui glisse maintenant entre tes doigts. Regarde-le, Madeleine, impatiente petite fille, toute prête à te décourager si ton travail dure quelques heures. L'histoire de ce fil de soie t'apprendra la patience et la persévérance. »

---

**Programme de grammaire et de sciences élémentaires :** — 1. Comment s'appelle le nid que se fabrique le ver à soie ? | De quoi est composé ce nid ? D'un seul fil très long qui se ploie et se reploie. — 2. *Interminable ?* très long, sans fin. | D'où vient cet adjectif ? — 3. *Dévider ?* mettre le fil en peloton ou en écheveau.

**Programme de morale :** — 4. Que peut nous apprendre l'his-

Pendant l'histoire du fil de soie, l'heure avait passé, la tâche de Madeleine était finie, et jamais l'enfant n'avait mieux travaillé. Contente d'elle-même, elle redressa vite sa taille un peu courbée par le travail, et courut aider sa mère à préparer le dîner de la famille.

Fig. 222. — Madeleine courut aider sa mère à préparer le diner de la famille.

Maxime. — *Tout vient à bien pour qui sait* attendre *et* travailler.

## 53. — La forêt en feu. — Amour fraternel.

I. — Pierre et Jacqueline étaient les enfants d'un 1 bûcheron. Ils habitaient avec leurs parents dans une cabane de planches, au milieu de la 2 forêt.

Fig. 223. — Le bûcheron.

Un jour, leur père et leur mère étaient partis à la ville pour vendre du bois. Les enfants étaient restés seuls dans la cabane. Tout à coup Jacqueline vit le ciel s'illumi-

---

toire du fil de soie ? | Pourquoi elle peut nous enseigner la patience et la persévérance.

53e Récit. — **Programme de grammaire et de sciences élémentaires :** — **1.** *Bûcheron ?* ouvrier qui abat du bois dans une forêt ? | D'où vient ce mot ? de *bûche*, morceau de bois de chauffage. (Bûche de Noël.) — **2.** *Forêt :* différence entre un bois et une forêt ? — Qu'est-ce qu'une forêt vierge ?

ner d'une large lueur de pourpre. Elle appela son[1] frère pour regarder ; le grand frère n'avait jamais vu rien de pareil. « On dirait que le ciel est tout en feu », s'écria Pierre.

FIG. 224. — Des flammes apparurent entre les arbres.

Au bout de quelque temps, la chaleur devint très forte. Puis des flammes apparurent au loin entre les arbres. Une fumée noire couvrit le ciel. Un crépitement assour-[2] dissant se faisait entendre. Les enfants comprirent que toute la forêt était en flammes.

— J'ai peur ! j'ai peur ! criait la petite Jacqueline, et elle se mit à courir de tous les côtés pour se sauver. Mais de tous les côtés on voyait une barrière de flammes, sauf à droite, où s'élevait une muraille de rochers qu'on ne pouvait gravir.[3] Les enfants étaient enveloppés par le feu.

Ils appelèrent au secours de toutes leurs forces, mais leur voix était couverte par le bruit de l'incendie, et d'ailleurs, qui eût pu venir à leur aide ? Le cercle de flammes qui les enveloppait se rétrécissait de moment en moment.

II. — Jacqueline, affolée par la terreur, finit par aller[4] se blottir dans la cabane de ses parents, sous son[5]

---

**Programme de grammaire :** — **1.** *Pourpre ?* couleur d'un rouge violet que les anciens tiraient d'un coquillage. — **2.** *Crépitement ?* bruit d'une flamme qui pétille. | *Assourdissant ?* qui étourdit, qui empêche d'entendre. D'où vient ce mot ? — **3.** *Gravir ?* franchir en montant, escalader. — **4.** *Affolée ?* rendue presque folle, ne sachant plus ce qu'elle fait. — **5.** *Se blottir ?* se cacher en se faisant le plus

petit lit ; elle fermait les yeux pour ne plus voir les flammes dont le reflet éclairait la chambre.

Fig. 225. — Jacqueline, affolée par la terreur, alla se blottir sous son lit.

Heureusement Pierre, qui était l'aîné, ne se laissa pas aller à cette sotte épouvante ; il réfléchit ; il se dit que, s'ils restaient dans la cabane en bois, elle allait bientôt prendre feu et qu'ils seraient tous les deux brûlés.

— Oh ! pensait-il, si je pouvais trouver un endroit pour nous mettre à l'abri, comme un grand trou sous terre !

Tout d'un coup une idée lui vint. Dans les rochers qui étaient près de la cabane, on avait creusé une sorte de cave où le bûcheron ramassait ses instruments de travail et des sacs de charbon. Pierre arracha sa

Fig. 226. — Pierre sortit en courant avec sa sœur pour se réfugier dans la cave.

petite sœur à sa cachette, et tous les deux sortirent en courant pour se réfugier dans la cave.

La chaleur était déjà si accablante, que les deux enfants eurent de la peine à gagner les rochers ; la sueur perlait sur leur front, et la fumée les étouffait ; mais, une fois dans la cave, ils trouvèrent un peu de fraîcheur et ils allèrent se tapir dans un coin.

Désormais, ils étaient en sûreté ; du trou obscur où ils étaient, ils assistaient aux progrès de l'incendie. Tous

---

petit possible. — 1. Quel est le raisonnement que fit Pierre ? — 2. Se tapir ? se cacher en se faisant petit.

les arbres de la forêt s'enflammaient l'un après l'autre; en un clin d'œil, des jets de feu montaient de la base à la cime, ou, au contraire, descendaient du faîte jusqu'au pied, et les branches se tordaient en craquant dans les flammes rouges.

Bientôt le feu gagna la petite cabane du bûcheron où les deux enfants étaient tout à l'heure. Ils virent la chère maisonnette de leur père disparaître comme une coque de noix dans un brasier.

Fig. 227. — Du trou obscur où ils étaient, ils assistaient aux progrès de l'incendie.

Ils étaient désormais seuls, perdus au milieu de la grande forêt en feu, sans autre abri que le trou creusé dans les rochers.

III. — Jacqueline était encore si transie de peur, 2 qu'elle ne disait rien; mais, sa première frayeur passée, elle se prit à pleurer à chaudes larmes; elle 3 criait : « Maman! maman! »

— Ne pleure pas, lui dit Pierre en l'embrassant doucement. Notre père et notre mère sont à la ville; ils ont donc échappé à l'incendie; dès que la forêt aura fini de brûler, ils reviendront nous chercher.

Jacqueline se calma et essuya ses yeux tout gonflés de larmes. La journée s'avançait et l'incendie continuait toujours. Bientôt les deux enfants, qui n'avaient rien mangé depuis le matin, ressentirent les souffrances de la faim.

---

**Programme de grammaire : — 1.** *Cime ?* tête d'un arbre. | A quels objets peut-on appliquer le mot *cime* ? Aux arbres, aux montagnes, aux rochers, etc. | Comment appelle-t-on l'ornement qu'on place au haut des casques? *cimier.* — **2.** *Transie ?* saisie, glacée de crainte. — **3.** *A chaudes larmes,* en pleurant de tout son cœur.

« Qu'allons-nous devenir ? pensait tout bas Pierre, si l'incendie dure plusieurs jours ? » La petite Jacqueline avait recommencé de pleurer et de dire à 1 demi-voix, comme une plainte ou une prière monotone : « Maman ! maman ! »

Tout à coup, au fond de la cave, derrière des sacs, 2 on entendit un petit bruit, comme un froissement d'ailes. Puis un chant joyeux éclata, le chant d'une poule qui vient de pondre.

Les deux enfants coururent au fond de la cave, et ils aperçurent une poulette grise que leur mère nourrissait et qui s'était fait un nid derrière les sacs. Depuis plusieurs jours elle y venait pondre sans qu'on la vît, et, au moment de l'incendie, elle s'était réfugiée lestement dans cette cachette.

Pierre et Jacqueline trouvèrent là trois bons œufs. Ils firent un trou à la coquille, et ils en sucèrent chacun un ; quant au troisième œuf, ils le sucèrent chacun à son tour.

F:ɢ. 228. — Pierre et Jacqueline trouvèrent trois bons œufs, qu'ils sucèrent.

Pendant ce temps, la poule grise s'était perchée sur le manche d'une cognée et continuait sa chanson.

Les enfants étaient bien contents ; ils ne se sentaient plus aussi seuls. La nuit tomba bientôt, la poulette s'endormit la première, perchée sur une patte. 3 Pierre fit un lit par terre avec quelques copeaux de bois ;

---

**Programme de grammaire :** — **1.** *Monotone ?* toujours sur le même « ton, » toujours pareille. — **2.** *Froissement ?* bruit de quelque chose qu'on froisse, qu'on fait craquer. — **3.** *Copeaux ?* éclats enlevés au bois avec le rabot ou la cognée.

sa petite sœur s'y coucha et s'endormit. Lui, il resta un moment à regarder les troncs d'arbres qui brûlaient encore dans l'ombre, en se demandant ce qu'étaient devenus ses parents bien aimés ; puis ses yeux se fermèrent de lassitude, et il se coucha près de sa sœur.

FIG. 229. — Tandis que sa sœur dormait, Pierre resta à regarder les troncs d'arbres qui brûlaient encore dans l'ombre.

IV. — Quand les enfants s'éveillèrent le lendemain matin, ils avaient grand'faim. Ils cherchaient des yeux la poule grise, mais elle n'était plus là. Elle était allée manger de petits vers dans la mousse à demi-brûlée des hauts rochers qui dominaient la cave.

Pierre et Jacqueline sortirent, eux aussi, pour examiner le pays. Hélas ! il ne restait plus un débris de la maisonnette de leurs parents. Tout autour, les plus vieux troncs d'arbres brûlaient encore sans flamme ; le sol était semé de charbons

FIG. 230. — Ils sortirent, s'avançant avec précaution sur le sol semé de charbons rouges.

rouges, et il ne fallait pas s'avancer trop loin, car dans le lointain l'incendie de la forêt continuait toujours.

Les deux enfants rentrèrent, tout découragés. Ils

---

ne pouvaient faire qu'une chose : attendre, et la
faim les torturait.

Combien les heures leur parurent longues! Vers
le soir, Jacqueline était si faible, qu'elle ne pouvait
plus se tenir debout; elle s'assit par terre, les yeux
gros de larmes ; elle n'avait même plus la force de
pleurer tout haut.

Tout à coup, Pierre entendit
au dehors un petit bruit, un
gloussement léger et craintif :
Cot! cot! cot! « Quel bonheur !
pensa-t-il, c'est la poule qui revient pour pondre. »

Il resta immobile, retenant
sa respiration pour ne pas lui
faire peur. La poulette s'avança
à petits pas, passa devant les

FIG. 231. — Ils restèrent im-
mobiles; la poulette s'avança
à petits pas.

deux enfants, sauta derrière les sacs, et au bout d'une
minute son chant de triomphe
retentissait : elle avait pondu.

Les enfants coururent au
nid, où ils trouvèrent un gros
œuf. Jacqueline le dévorait des
yeux ; mais, quoique bien jeune,
elle comprenait que son frère
avait aussi faim qu'elle : elle lui
tendit l'œuf de sa petite main que
la faiblesse rendait tremblante.

FIG. 232. Les enfants coururent au nid, où ils trouvèrent un gros œuf.

---

Pierre ne voulut en prendre qu'une gorgée, et il [1] laissa la plus grosse part à sa sœur. Jamais dans eur vie repas ne leur parut plus agréable que ce simple œuf partagé entre deux.

Pourtant, quand le soir revint, ils se rendormirent bien tristement : leurs parents ne venaient toujours point les secourir, et on apercevait encore à l'horizon une grande ceinture de flammes.

Fig. 233. — Pierre entendit distinctement son nom prononcé par quelqu'un.

Le lendemain, le jour commençait à paraître lorsque Pierre entendit distinctement son nom prononcé par quelqu'un. Il s'élança au dehors de la cave et tomba dans les bras de son père et de sa mère, qui s'étaient mis à sa recherche dès qu'un passage avait été ouvert dans la forêt enflammée.

Tous étaient si émus qu'ils pouvaient à peine parler. Pourtant la mère demanda d'une voix altérée : « Et ta petite sœur ?

— Elle est là, dit Pierre. »

Le père et la mère entrèrent en se baissant dans la cave. Jacqueline dormait encore sur le lit de copeaux que son frère

Fig. 234. — Jacqueline dormait encore sur le lit de copeaux.

avait fait pour elle, couverte du manteau de son



---

**Programme de grammaire :** — 1. *Gorgée ?* petite quantité de liquide que l'on peut avaler en une seule fois. | Formez un mot analogue avec les substantifs *bouche, poing*, etc.

frère, appuyée sur un sac que son frère avait apporté.

— Mon Pierre, tu as rempli tous tes devoirs d'aîné, c'est bien, dit le vieux père, les larmes aux yeux.

Et, d'un baiser, la mère réveilla la petite fille, qui croyait encore rêver.

MAXIME. — *Aide-toi et aide les autres : le ciel vous aidera tous.*

**54. — Le sentiment religieux devant les beautés de la nature. — L'histoire naturelle et ses divisions. — L'herbier de botaniste et la petite fleur bleue. — Grandeur de la science.**

Mon père, vous vous le rappelez, était un savant ; il aimait toutes les sciences à la fois et, quoique je fusse bien petit encore, il me disait leur nom, il m'apprenait à les aimer aussi. « Dépêche-toi de grandir, me répétait-il souvent, afin de pouvoir les connaître toutes. »

Je n'ai jamais oublié le premier jour où il me parla de cette grande science qu'on appelle *l'histoire naturelle*.

---

**Programme de morale :** — 1. Divers devoirs des frères aînés ?

**Programme de récitation :** — Pour rappeler qu'on ne doit jamais perdre confiance, même dans le malheur ou dans le danger, faire apprendre ce quatrain :

### La confiance.

Soyons comme l'oiseau posé pour un instant
    Sur des rameaux trop frêles,
Qui sent ployer la branche et qui chante pourtant,
    Sachant qu'il a des ailes.

V. HUGO.

GUYAU. — *Ann. prép.*

8

Comme il pleuvait, nous ne pouvions sortir. Mon père me mena dans une salle de notre maison où se trouvait une collection d'animaux de toute sorte : il y avait là des oiseaux de divers pays aux couleurs éclatantes, des quadrupèdes qui semblaient vivants encore, quoique empaillés. Dieu sait combien de questions je fis à mon père sur tous ces animaux :

FIG. 235.
**Vertébrés.** — Un *mammifère :* le singe.

FIG. 236.
**Vertébrés.** Un *oiseau.*

FIG. 237. — **Vertébrés.**
Un *reptile :* le serpent boa.

patiemment il me répondit ; il me raconta leur histoire ; je l'écoutais sans me lasser. Quand nous eûmes fini :

— Sais-tu, enfant, me dit-il, quel est le nom de la science sur laquelle tu viens de m'interroger ? C'est *l'histoire naturelle.* On la divise elle-même

---

54ᵉ Récit. — **Programme de grammaire :** — 1. *Collection?* assemblage et classement d'objets d'art ou de science. | Comment appelle-t-on une collection de livres ? bibliothèque. | De tableaux ? musée.

**Programme d'histoire naturelle :** — 2. *Quadrupède?* animal à quatre pieds. | Citez des quadrupèdes. — Diverses classes d'animaux? Les *vertébrés,* qui se divisent en mammifères, oiseaux, reptiles, poissons ; les *annelés,* qui comprennent les *insectes ;* les *mollusques,* les *rayonnés.* — 3. *Animal empaillé?* animal mort qu'on a conservé en imprégnant sa peau de diverses substances et en enlevant l'intérieur de son corps pour le remplacer par de la *paille.* — 4. *Histoire naturelle?* science qui étudie tous les êtres du globe. | En combien de parties se divise-t-elle? | Nom de la partie qui étudie les animaux? *Zoologie.* | Nom de la partie qui étudie les plantes? *Botanique.* | Nom de la partie qui étudie les pierres ? *Minéralogie.*

en trois parties : la première s'occupe des animaux, la seconde des végétaux, la troisième des minéraux.

— Oh! m'écriai-je, l'étude des animaux doit être très amusante ; cette science-là, je l'aime bien ; mais les autres qui s'occupent des pierres et des plantes...

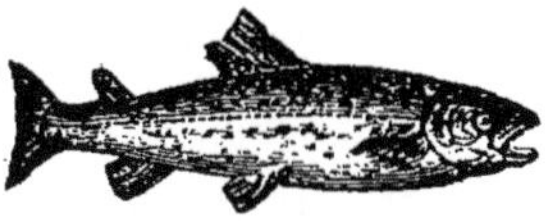

Je n'osai pas achever, tant le visage de mon père avait pris une expression sévère.

Fig. 238.
Vertébrés. Un *poisson*.

— Tu parles comme un enfant, me dit-il ; toutes les sciences sont belles, toutes nous font admirer l'univers et aimer la vérité. Viens avec moi.

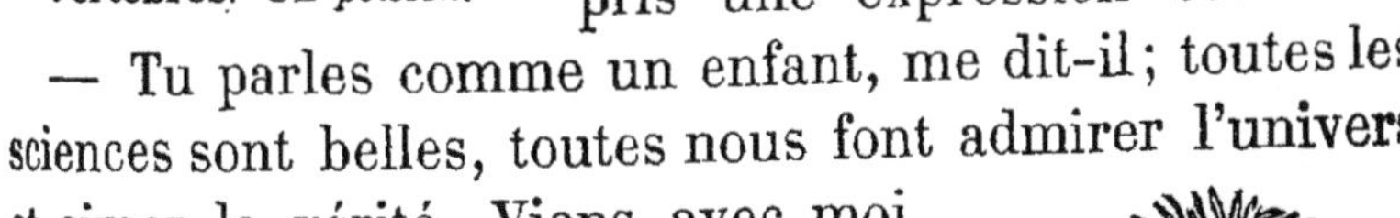

Fig. 239.—**Annelés.**
Un *insecte*: la puce.

Fig. 240.
Mollusques : Un
*colimaçon*.

Fig. 241.—**Rayonnés.**
Une *anémone de mer*.

En me disant cela, il me mena dans une pièce voisine où se trouvait sa *collection de pierres* et son *herbier*. Cet herbier contenait une multitude d'herbes et de fleurs rangées dans des papiers. Que de fois j'avais vu mon père occupé à dessécher ces plantes, à les ranger, à les étudier! mais je n'avais jamais bien compris ce qui pouvait l'intéresser dans cette étude.

Fig. 242. — Un **minéra-**
logiste détachant avec
son marteau un échan-
tillon de roche.

— Vois, me dit-il : il y a là des plantes de toutes les parties de la France, et même

**Programme d'histoire naturelle :** — **1.** *Herbier?* collection de plantes sèches conservées dans du papier et rangées par ordre. — **2.** *Fleur?* parties principales de la fleur? corolle, calice, étamines et pistils.

de plusieurs parties du monde. Chacune de ces petites tiges desséchées, je sais d'où elle vient; elle me parle du pays qu'elle habite, elle me raconte les voyages de ses graines emportées au vent. Ce ne sont pas toujours les plus grandes et les plus belles qui ont le plus de choses à me dire.

« Tiens, ajouta mon père en me prenant sur ses genoux et en déployant une feuille de papier jaunie entre les plis de laquelle j'aperçus une petite fleur bleue : regarde cette mince fleurette ; elle est du pays où je suis né : il me semble que je revois ma jeunesse en regardant sa corolle desséchée.

« Quand je la cueillis, j'avais quinze ans à peine; c'était une plante rare, et j'avais couru longtemps la montagne pour la découvrir. Lorsque je l'aperçus enfin dans l'herbe, je m'agenouillai pour la cueillir : une goutte de rosée tremblait encore dans son calice. Qu'elle était jolie ainsi, la petite fleur bleue de la montagne!

Fig. 243.
Le botaniste.

« Radieux de la tenir enfin dans ma main, je levai les yeux pour regarder autour de moi : l'air était si clair qu'on voyait jusqu'au bout de l'horizon ; le ciel était tout bleu, comme ma petite fleur ; le soleil brillait : la nature entière était si belle, depuis la fleurette des champs jusqu'au grand soleil des cieux, que je me sentis ému d'admiration

---

**Programme de grammaire :** — **1.** *Radieux ?* rayonnant de joie. — **2.** *Horizon ?* le grand cercle suivant lequel la voûte du ciel paraît s'appuyer sur la terre.

et prêt à pleurer ; comme d'elle-même, ma pensée s'en allait par delà la terre, montait vers le ciel, ainsi que le font au printemps les corolles des fleurs. O mon enfant, cette plante desséchée que tu vois là, pâlie et inanimée aujourd'hui, elle me parle encore de Dieu quand je la regarde. »

En disant cela, mon père avait les paupières humides. Il avait repris dans sa main la fleur bleue, et comme sa vue avait baissé, il l'approchait de ses yeux. Je ne sais si quelque larme tomba sur la fleur ; mais il me sembla tout à coup revoir briller sur elle la goutte de rosée dont mon père m'avait parlé ; la fleur me parut prendre un éclat plus vif ; par la pensée je me représentai encore mon père rajeuni, agenouillé dans l'herbe, cette même fleur dans la main.

Fig. 244. — Il avait repris la fleur et l'approchait de ses yeux.

A ce moment la pluie avait cessé de tomber, et, comme au temps dont il me parlait, le soleil brillait au ciel, la campagne était verte et joyeuse. Je me sentais le cœur aussi ému que lui, et tous deux, silencieux, nous pensions à la bonté infinie qui se révèle aussi bien dans la moindre fleur des champs que dans l'immensité du ciel lumineux.

« Il n'y a rien de petit dans la nature, me disais-je, et toute science aussi est grande. »

---

**Programme de morale :** *« Sentiment de l'ordre universel ; première idée de la cause première et de l'être parfait. »* — **1.** Toutes les sciences sont-elles grandes et belles ? | Toutes sont-elles utiles ? | Toutes peuvent-elles élever notre pensée vers Dieu ?

Maxime. — *Plus on* connaît la nature, *plus on* l'admire.

## 55. — Le jardin. — Les divisions administratives de la France. Département, arrondissement, canton, commune.

Trois petits garçons dans un jardin, assis sur un banc de bois, lisaient attentivement leur livre de classe.

Fig. 245. — Trois petits garçons, assis sur un banc, lisaient attentivement.

Un des grands de l'école, Pierre, vint les voir et leur demanda ce qu'ils étudiaient là.

— Les divisions administratives de la France, répondirent-ils. C'est très difficile, aussi nous nous appliquons très fort.

---

**Programme de récitation :** — Faire apprendre ces vers :

### Espoir en Dieu.

Le monde entier te glorifie ;
L'oiseau te chante sur son nid,
Et pour une goutte de pluie
Des milliers d'êtres t'ont béni.
Tu n'as rien fait qu'on ne l'admire ;
Rien de toi n'est perdu pour nous ;
Tout prie, et tu ne peux sourire
Que nous ne tombions à genoux.

Alfred de Musset *.

Questions sur l'exercice de mémoire. — Expliquez le vers : *Rien de toi n'est perdu pour nous ;* c'est-à-dire aucune de tes œuvres ne passe inaperçue de l'homme qui réfléchit.

55e Récit. — **Programme de géographie et d'instruction civique :** — 1. Quelle est la plus grande division administrative de

— Difficile ! reprit Pierre, pas tant que vous le croyez ; tenez, je vais vous expliquer votre leçon et elle sera sue tout de suite.

En disant cela, Pierre frappa du pied la terre du jardin :

— Où sommes-nous ici ? demanda-t-il. Sur la terre française, n'est-il pas vrai ? Tout le pays qui nous entoure est la France, et ce jardin est comme une petite division du pays. Eh bien, nous appellerons ce jardin un *département*. Les départements forment la principale division administrative de la France ; il y en a 86, entre lesquels se trouve partagé le pays. A la tête de chaque département est un *préfet*.

FIG. 246. « Sur quelle terre sommes - nous ? Sur la terre française. »

— Je comprends déjà un peu, dit Émile, le plus jeune des enfants. Chez nous, le préfet, c'est papa, car c'est lui qui s'occupe du jardin.

— Soit, reprit Pierre, et il prend quelquefois conseil de votre mère et des voisins ; le préfet aussi doit demander les avis de beaucoup de gens, depuis le ¹ *conseil de préfecture* jusqu'au *conseil général* formé d'hommes choisis par tout le département.

FIG. 247. — Le préfet du département.

« Maintenant continuons la leçon. Regardez encore le jardin où nous sommes : des allées le divisent en plates-bandes, d'autres en petits carrés ; eh bien,

Fig. 247 *bis*.
La commune : un **village**.

Fig. 247 *ter*.
La commune : une **ville**.

chaque département est ainsi divisé, d'abord en *cantons*, puis en *arrondissements*.

Fig. 248.
Le **maire** de la **commune**.

Enfin la dernière division du département, qu'il faut bien se rappeler, est la *commune :* c'est un tout petit morceau du pays. Une commune ne comprend parfois qu'un village ou un bourg; parfois aussi elle en contient plusieurs; parfois elle renferme une grande ville, comme Paris, Lyon ou Marseille. Elle a à sa tête un *conseil municipal* chargé de ses affaires et dans lequel le *maire* est choisi... Avez-vous bien compris, et voulez-vous que je répète?

Fig. 249. — L'hôtel de **ville** de Paris.

---

**Programme d'instruction civique :** — **1.** Comment se divise le département? | Cherchez le nom d'un fonctionnaire qui habite au chef-lieu de canton et qui est chargé de mettre la *paix* entre les gens qui ont des contestations entre eux? — **2.** *Commune?* Petite division du territoire administrée par un maire. — **3.** Comment s'appelle le

— Nous avons compris, Pierre, s'écrièrent joyeusement les enfants, et nous allons à présent bien mieux retenir notre leçon. Récapitulons.

Les trois petits garçons, reprenant leur place sur le banc du jardin, rouvrirent leurs livres de classe et se mirent à réciter :

Fig. 250. — Les trois petits garçons rouvrirent leurs livres de classe.

1 « La France est un grand pays, qui se divise en 86 départements. Ces 86 départements forment des arrondissements, les arrondissements forment des cantons.

« Il y a en France près de 3 000 cantons, et ces cantons se subdivisent en 36 000 communes. »

FAIT HISTORIQUE. — *Autrefois la France était divisée en provinces, telles que la Bretagne, la Normandie, la* 2 *Gascogne, etc.* C'est la Révolution * française qui, en 1790, partagea la France en *départements*, dont on emprunta les noms aux *fleuves* et aux *montagnes.*

Par là on n'entendit faire qu'une division purement

---

conseil qui assiste le maire? | La maison où se rendent le maire et le conseil municipal pour délibérer ensemble? | Comment nomme-t-on la mairie d'une ville? | Hôtel de ville.

*Récapitulation.* **1.** Nombre de départements en France? | En combien de communes se subdivisent-ils? | Quel est le nom du département que vous habitez? | Quelles sont les communes voisines de la vôtre? | Citez les chefs-lieux d'arrondissement. | Qu'est-ce qu'un *sous-préfet?* | un *adjoint* au maire, etc.? | Citez des *fonctionnaires* placés sous les ordres du maire, | du préfet, etc. — **2.** Comment la France a-t-elle été divisée en départements? | Citez les noms de quelques anciennes provinces. | Que savez-vous de la Révolution * française? | D'où est tiré le nom du département que vous habitez? | Citez les grands fleuves de la France?

ε.

administrative et géographique; car on voulait que la Patrie fût *une* d'esprit et *indivisible* de cœur.

## 56. — Les deux familles désunies. — Le chef-lieu de canton. — Premières notions sur la justice de paix.

Guillaume et Mathurin étaient deux voisins; leurs maisons et leurs champs se touchaient; leurs enfants jouaient ensemble tout le jour.

FIG. 251. — Une discussion s'éleva entre Guillaume et Mathurin.

Or, voici ce qui arriva : une petite discussion s'éleva entre les pères au sujet de la haie[1] de framboisiers qui séparait leurs champs : l'un voulait l'arracher, l'autre voulait la laisser. La discussion devint une dispute : le sang leur monta aux joues. Alors ils parlèrent de procès. Ils cessèrent de se dire bonjour dans la rue, et les petits enfants de Guillaume ne vinrent plus jouer avec ceux de Mathurin. Ils restaient devant leur porte, regardant leurs anciens camarades d'un air boudeur.

FIG. 252. — Les petits enfants de Guillaume ne vinrent plus jouer avec ceux de Mathurin.

Un matin les deux pères sortirent de bonne heure pour aller au chef-lieu de canton, chez le juge de paix. Car

56e RÉCIT. — **Programme d'instruction géographique et civique : 1.** *Haie mitoyenne?* haie qui se trouve sur la limite de deux propriétés et qui appartient aux deux à la fois (mur mitoyen, fossé mitoyen, puits mitoyen. etc.)

¹ dans chacun des trois mille chefs-lieux de canton se
² trouve un juge de paix, ainsi appelé parce qu'il est chargé de mettre la paix entre les
³ hommes, d'éviter les différends et les procès.

FIG. 253. — Le juge de paix fit s'expliquer les deux adversaires et il les **réconcilia**.

Le juge fit s'expliquer devant lui les deux adversaires ; il leur apprit quelle était la loi, leur dit de bonnes paroles, les engagea à faire la paix et à se donner la main.

Quand Guillaume et Mathurin revinrent le soir au village, ils causaient gaiement, comme de vieux amis qu'ils étaient redevenus. Les deux familles dînèrent ensemble. Tous étaient heureux de voir la paix rétablie et comprenaient le beau rôle du juge de paix parmi les hommes.

FIG. 254. — Les enfants des deux familles, réunis de nouveau, firent dès le soir une partie de colin-maillard.

Et le soir, avant que la nuit ne tombât tout à fait, tous les enfants réunis firent une bonne partie de colin-maillard. On ne se quitta qu'au moment où, la nuit aidant, ceux qui avaient les yeux ouverts n'y voyaient pas mieux que le *chat* avec ses yeux bandés.

---

**Programme d'instruction civique :** — **1.** Qu'est-ce qu'un chef-lieu de canton ? | Combien y en a-t-il en France ? — **2.** Quel est le magistrat qui siège au chef-lieu de canton ? | D'où vient son nom ? — **3.** *Différend ?* débat, discussion, chose sur laquelle on diffère d'avis. | *Procès ?* différend au sujet duquel deux personnes vont devant un tribunal. | Danger des procès.

*Fait historique.* — *La justice de paix a été établie en France par la Révolution* française en août 1790 : elle a donc un siècle d'existence. Depuis un siècle, que de procès ruineux elle a épargnés !*

*Précepte de morale.* — *Quoique vous ne soyez encore que des enfants, habituez-vous déjà à* éviter les disputes *avec vos camarades :* le mauvais camarade devient plus tard un mauvais voisin et un mauvais concitoyen.

## 57. — Les quatre camarades.

Dans un village des environs de Paris, quatre petits garçons du même âge se rendaient chaque jour à l'école.

Trois d'entre eux, Pierre, Antoine et Paul, toujours exacts à l'heure des classes, étudiaient de tout leur courage, car ils voulaient être plus tard des ouvriers instruits et intelligents. Seul, Simon le

---

**Programme d'histoire civique :** — 1. A quelle époque a été établie la justice de paix ?

**Programme de morale :** — 2. Doit-on s'habituer de bonne heure à éviter les querelles ?

**Programme de récitation :** — Le moyen d'éviter les querelles, c'est de nous pardonner mutuellement nos défauts ; on fera donc apprendre ce quatrain :

### Indulgence mutuelle.

Souffrons sans murmurer tous les défauts des autres,
   Quelque grands qu'ils puissent s'offrir ;
   Songeons que nous avons les nôtres,
Dont ils ont à leur tour encor plus à souffrir.

Corneille *.

Questions sur l'exercice de mémoire. — Corneille *. — *Murmurer ?* — Orthographe poétique du mot *encor ?*

paresseux arrivait souvent en retard, perdait son temps, apprenait mal.

Le jour vint où les quatre petits garçons furent en 1 âge d'entrer en apprentissage. Ils s'éparpillèrent dans Paris, la grande ville ; chacun alla de son côté, car leurs métiers ne devaient pas être les mêmes.

Bien des années se passèrent sans qu'ils se fussent jamais revus ; les enfants étaient devenus des hommes, les apprentis des ouvriers.

2 Un matin, Pierre, qui était charpentier, travaillait à une maison en construction. Il achevait de poser les grosses poutres qui devaient soutenir le toit, et il chantait gaiement, car la besogne marchait vite.

Au-dessus de sa tête, un 3 autre ouvrier, un couvreur, commençait la toiture et fixait l'une sur l'autre les minces 4 lames de zinc.

Enfin, bien au-dessous de ses pieds, on voyait la tête

FIG. 255. — Pierre le **charpentier** posait les grosses poutres du toit ; au-dessus de lui, le **couvreur** commençait la toiture.

---

57ᵉ RÉCIT. — **Programme de grammaire et de sciences élémentaires : — 1.** *Apprentissage ?* condition de celui qui *apprend* un métier. | A quel âge un enfant peut-il commencer à être employé par un patron? A l'âge de douze ans. | Utilité du *certificat d'études primaires* pour les apprentis? sans ce certificat, la loi ne leur permet pas de travailler chez le patron plus de six heures. — *S'éparpiller ?* se disperser. — **2.** *Charpentier ?* ouvrier qui travaille en charpente. | *Charpente ?* assemblage de grosses pièces de bois servant à la construction des maisons. — **3.** *Couvreur ?* celui qui pose les toitures. D'où vient ce mot. — **4.** *Zinc ?* métal mou, d'un blanc bleuâtre. | A quoi sert le zinc ? à faire des couvertures de toits, des gouttières, des seaux, etc.

blonde d'un peintre qui peignait la grille du jardin. 1
Il badigeonnait à tour de bras les 2 barreaux de fer, avec son pinceau qu'il trempait et retrempait dans le pot à couleur.

Fig. 256. — Le peintre peignait la grille du jardin.

Pierre et ces deux autres ouvriers étaient également jeunes, et c'était à peine si la barbe commençait à ombrager leur menton. Ils travaillaient avec ardeur et, tout occupés de leur ouvrage, ils s'étaient à peine regardés.

Pourtant, la journée finie, ils se rencontrèrent à la porte de la maison. Leurs regards se croisèrent, et Pierre, 3 poussant un cri de surprise, s'avança la main toute grande ouverte vers ses deux anciens camarades , vers Antoine et Paul qu'il venait de reconnaître.

Fig. 257. — Le journée finie; ils se rencontrèrent et se reconnurent.

Tous trois étaient pleins de joie, et ils s'embrassèrent comme des frères.

— Ainsi, dit Pierre d'une voix émue, nous voilà de nouveau réunis ! Le travail, qui nous rassemblait chaque jour à l'école quand nous étions enfants, nous rapproche encore maintenant : ne nous séparons

---

**Programme de grammaire :** — 1. *Peintre?* celui qui met en couleur les murailles, les grilles, etc. — Autres sens du mot *peintre*. — 2. *Badigeonner?* étendre hardiment avec un pinceau. De *badigeon*, couleur délayée dans de l'eau pour les murailles. — 3. *Se croiser?* se rencontrer (comme les bras d'une croix.)

plus, restons toujours amis, et pour commencer, allons dîner ensemble si vous voulez.

— C'est dit, reprirent les deux autres ; et ils répétèrent avec Pierre : restons toujours amis.

Puis, ils se dirigèrent d'un commun accord vers un de ces fourneaux [1] établis pour les ouvriers, et où l'on dîne très passablement avec 50 centimes. Le charpentier portait sa scie et son rabot, le peintre son pot à peinture, et le couvreur roulait

Fig. 258. — Ils revinrent ensemble, encore chargés de leurs outils.

gaiement sur le pavé sa charrette maintenant vide.

Le long du chemin ils causaient du temps passé, de l'école et de leurs camarades d'autrefois.

La nuit tombait, et voilà que, dans la rue déjà sombre, ils virent venir un homme dont les épaules fléchissaient sous le poids d'une lourde caisse. Cet homme marchait pas à pas, droit devant lui, sans regarder ni à droite ni à gauche. Mais quand il vint à passer près des trois compagnons, Pierre le reconnut.

— C'est Simon ! s'écria-t-il. — Et tous les trois l'entourèrent aussitôt en répétant : — C'est toi, Simon !

Fig. 259. — Ils virent venir un homme chargé d'une lourde caisse.

---

Simon s'arrêta avec effort, car le poids de la caisse l'entraînait, et fixant à son tour les yeux [1] sur les jeunes gens, il les reconnut. Mais il ne pouvait même pas leur tendre la main ; il se recula vers le mur et appuya le coin de la caisse contre une fenêtre. Alors, plus à l'aise, il tourna la tête vers ses anciens camarades.

FIG. 260. — « Eh bien ! Simon, te voilà donc **portefaix** ? »

— Eh bien ! Simon, te voilà donc portefaix ? tu [2] as là un rude métier.

— Je ne me plaindrais pas de mon métier, dit Simon, si j'y gagnais assez et si j'étais assez fort, mais vous savez que je suis le plus faible de vous tous.

— Mais alors, dit Pierre, pourquoi ne fais-tu pas autre chose ?

Simon sourit tristement : — Ah ! mes amis, c'est le métier d'ébéniste que j'aurais voulu prendre, mais [3] je sais à peine lire et point du tout dessiner ; avec cela, j'avais de mauvaises habitudes de paresse ; mon patron ébéniste m'a renvoyé ; une fois sur le [4] pavé, on prend le métier qu'on trouve. Mais je [5] n'étais point taillé pour faire un solide portefaix.

---

Là-dessus Simon, hochant la tête, se mit en devoir de recharger sa lourde malle.

Mais ses trois camarades avancèrent la main :

— Attends, s'écrièrent-ils, nous voulons t'aider.

Et les trois robustes garçons saisirent la malle chacun par un bout ; seulement, au lieu de l'assujettir sur les épaules de Simon, ils l'enlevèrent sur les leurs d'un vigoureux effort. Antoine montra d'un signe sa charrette vide : en un clin d'œil, la caisse fut déposée sur la charrette, qui roula sur le pavé.

Fig. 261. — Les trois robustes garçons saisirent la malle, l'enlevèrent et la déposèrent sur la charrette.

— Pour ce soir, dit Pierre à Simon, tu te reposeras ; tu viendras dîner avec nous, et nous causerons de tes affaires.

Simon se laissait faire, heureux de rencontrer tant de fraternité chez ses anciens camarades, et bien triste en même temps, car il mesurait toute la distance que l'existence avait déjà mise entre eux et lui. Autrefois, il avait été le dernier à l'école, il se trouvait maintenant le dernier dans la vie.

Lorsque les quatre anciens

Fig. 262. — Lorsque les quatre camarades furent réunis, Pierre prit la parole.

---

**Programme de grammaire :** — 1. *Malle ?* coffre en bois, quelquefois en cuir, où les voyageurs mettent leurs effets. | Expressions diverses : *malle-poste, malle des Indes.*

**Programme de morale :** « *Travail et aide mutuelle.* » — 2. Ce qui arrive aux paresseux dans l'école ? | Dans la vie ?

camarades furent réunis au dîner, Pierre prit la parole : 1

— Ecoute, Simon, dit-il, tous les travailleurs sont 2 frères ; de plus, nous sommes camarades d'enfance ; tu es dans une mauvaise position, il faut que nous t'en tirions. Mais d'abord, feras-tu toi-même pour 3 cela tout ton possible? As-tu la ferme volonté de travailler et d'apprendre ce que tu ne sais pas ?

— Oui, reprit Simon ; le malheur est un bon maître, au moins pour ceux qui ont un cœur honnête, et rien n'enseigne à travailler comme la misère.

Et comme il disait cela, les yeux de Simon, éteints naguère par le découragement, brillaient d'ardeur.

— Eh bien ! dit Pierre, je connais justement un fabricant d'armoires et de chaises ; il a besoin d'un ouvrier. Je vais te faire entrer chez lui, si tu veux. En même temps, je t'emmènerai le soir à l'école 4 d'adultes; là tu apprendras à écrire et à compter, 5 car celui qui ne sait pas calculer, dans la vie n'est bon à rien. Tu apprendras aussi le dessin, qui est absolument nécessaire dans ton métier, quand on veut devenir un bon ouvrier. Est-ce entendu ?

Simon, pour toute réponse, tendit la main à Pierre ; il était ému, et ses trois camarades se

---

**Programme de grammaire :** — **1.** Expliquer ces expressions : *avoir* ou *prendre la parole*, *porter la parole* (au nom d'une compagnie), *tenir la parole*, etc.

**Programme de morale :** — **2.** Les travailleurs doivent-ils s'entr'aider ? — **3.** Pour obtenir l'aide d'autrui, quelle est la première chose à faire ?

**Programme de sciences élémentaires :** — **4.** Que savez-vous sur l'école d'adultes ? — **5.** Est-il utile de savoir écrire et compter? — Métiers dans lesquels il est le plus utile de savoir dessiner?

sentaient heureux d'avoir si bien achevé leur longue journée de travail.

Deux jours après, Simon travaillait avec courage chez son nouveau patron. De temps en temps il fut bien repris de ses anciennes velléités de paresse, mais ses trois camarades le surveillaient.

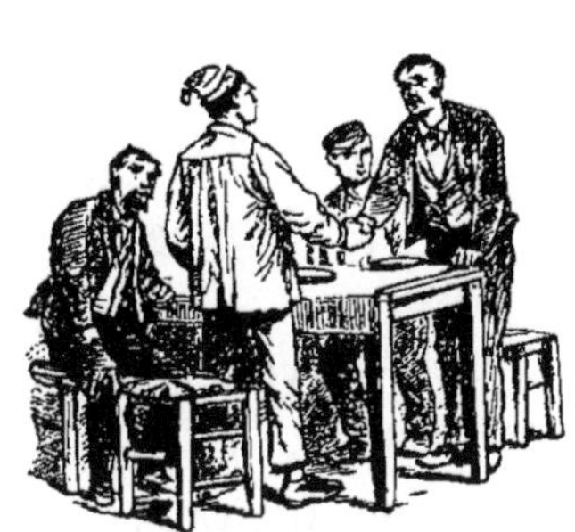

FIG. 263. — Simon, ému, tendit la main à Pierre.

FIG. 264. — Deux jours après, Simon travaillait chez son nouveau patron **ébéniste**.

Ils firent si bien, qu'il devint un bon ouvrier en même temps qu'un ouvrier instruit. Quelques années après, il se maria, il eut des enfants. Alors, quand il voyait ses garçons partir pour l'école, il leur disait :

— Travaillez, ce que vous n'apprenez pas aujourd'hui, vous serez forcés de l'apprendre plus tard à grand'peine.

2 MAXIME. — *Quelques heures d'attention à l'école, ce sont des journées de misère épargnées dans la vie.*

---

**Programme de grammaire :** — **1.** *Velléité ?* désir vague petite tentation de faire une chose.

**Programme de morale :** « *Amour de l'étude.* » — **2.** L'attention à l'école peut-elle nous épargner plus tard bien des peines ?

## 58. — La guerre de 1870. — La libération du territoire. — Le nouveau gouvernement de la France. — Adolphe Thiers.

Il y a eu en 1870 une grande guerre entre la [1] France et l'Allemagne; vous n'étiez pas nés encore, enfants, mais nous, nous avons été témoins de cette lutte, qui s'est prolongée tout un hiver.

Fig. 265. — Un **combat d'artillerie** pendant la guerre de 1870.

Après avoir long-temps résisté, la France, [2] qui avait moins de soldats que l'Allemagne, fut vaincue. Les Allemands nous prirent alors deux provinces, l'Alsace * et la Lorraine *, et de plus ils exigèrent que nous leur payions une somme énorme, une somme tellement considérable qu'en écus de cinq francs empilés elle formerait une pile 400 fois plus haute que le Mont- [3] Blanc * : *cinq milliards de francs.*

Chaque Français se disait : « Comment notre patrie réussira-t-elle à trouver une si grosse somme ? » — En attendant qu'elle fût payée, les soldats prus- [4] siens occupaient une partie de notre territoire, tout prêts à envahir le reste au moindre retard de payement.

C'est vers cette époque que la France changea

---

58e Récit. — **Programme d'histoire et d'instruction civique:** *« Les malheurs de la France et son relèvement. »* — 1. Ce qui se passa en l'année 1870 ? — 2. Comment se termina la guerre entre la France et l'Allemagne ? | Provinces que nous prit l'Allemagne ? — 3. Quelle somme l'Allemagne exigea-t-elle comme *indemnité de guerre ?* — 4. Les Prussiens quittèrent-ils le territoire français tout de suite après la guerre finie ?

définitivement son gouvernement, qui était *monar-
chique* avant la guerre ; le gouvernement devint *répu-
blicain*, et on mit à sa tête l'homme qui devait
rétablir nos finances, trouver l'argent
nécessaire pour payer les cinq milliards et pour délivrer le territoire
français de l'occupation étrangère.

FIG. 266. — Portrait
de Thiers.

Cet homme, Adolphe Thiers, dont
on a dit beaucoup de bien et beaucoup de mal pendant sa longue vie,
mérite sans conteste un titre qu'on
ne saurait lui enlever, celui de *libé-
rateur du territoire*. Il a été de plus le premier président de la République française. Il est donc utile,
enfants, que vous connaissiez
son nom et sa vie.

Thiers était sorti d'un rang
assez humble par un travail
opiniâtre. Né à Marseille * en
1797, il était fils de marchands
de drap ruinés. Il étudia au
collège d'Aix *. A vingt-trois
ans il partait pour Paris et
s'installait avec un ami dans
une pauvre chambre, bien petite pour deux.

FIG. 267. — Thiers s'installa
avec un ami dans une pauvre
chambre.

---

**Programme d'instruction civique :** — **1.** Quel changement
important fut introduit en 1870 et confirmé plus tard dans le gouver-
nement français? | Différence entre la *Monarchie* et la *République*? —
**2.** *Finances?* argent que touche l'État par le moyen des impôts et
dont il a besoin pour payer l'armée, les magistrats, les écoles, etc. —
**3.** Comment appelle-t-on le chef d'un gouvernement républicain? | Quel
a été en fait le premier président de la République française? — **4.** Où
était né Thiers? | Que savez-vous sur Marseille*? sur Aix*? | Thiers
était-il d'une haute origine? | A-t-il beaucoup travaillé dans sa vie?

Dans cette chambre, Thiers et son ami, assis chacun à une table, travaillaient tout le jour, et quelquefois la nuit. « L'homme est né pour agir, » [1] disait Thiers ; toute sa vie il a ignoré le repos.

Fig. 268. — Thiers allait parfois causer avec les vétérans de la guerre, à l'Hôtel des invalides.

Thiers ne tarda pas à se faire connaître comme historien : il écrivit une histoire célèbre des guerres de la Révolution * et de l'Em- [2] pire *. Pour mieux faire cette histoire, il dut étudier la science de la guerre et des fortifications. Parfois il allait causer avec les vieux braves, les vétérans [3] de l'armée, et grâce à leurs récits les événements revivaient devant ses yeux.

Fig. 269. — Thiers devint vite un des grands orateurs de la Chambre des Députés.

Jeune encore, il fut nommé député et [4] devint bien vite un des grands orateurs de la Chambre *. [5]

---

**Programme de morale :** — 1. Citez la parole que Thiers aimait à répéter.

**Programme d'histoire et d'instruction civique :** —2. Dites ce que vous savez sur la Révolution * et sur l'Empire * ? — 3. *Vétérans ?* soldats qui ont fait un grand nombre de campagnes. | *Invalides ?* on désigne ainsi plus particulièrement les soldats vieux et infirmes, recueillis et nourris par l'État à l'Hôtel des Invalides. — 4. *Député ?* homme choisi par les citoyens d'un arrondissement pour faire les lois et fixer les impôts. — 5. *Orateur ?* celui qui prononce des discours. *Chambre ?* endroit où se rassemblent les députés ; assemblée même

Pourtant il ne possédait qu'une petite voix flûtée ; mais ce qu'il disait avait tant de prix que, s'il commençait un discours, le silence se faisait aussitôt dans la grande salle et on ne perdait pas une de ses paroles.

Il fut plusieurs fois ministre ; c'est grâce à lui qu'on bâtit autour de Paris cette ceinture de fortifications qui nous est si utile aujourd'hui et qui arrêta les Prussiens pendant six mois.

En 1871, après la funeste guerre avec la Prusse, Thiers fut choisi pour présider le gouvernement nouveau et relever la France : il avait alors soixante-treize ans. C'est dans ce vieillard que le pays plaça tout son espoir pendant plusieurs années.

FIG. 270. — Les fortifications de Paris : le mont **Valérien**.

Il signa la paix et il réussit à conserver à la France la ville de Belfort *. Il refit l'armée, il refit les finances, enfin il travailla de toutes ses forces à fonder en France le gouvernement actuel.

Quand il mourut, on mit sur sa tombe ces simples mots, dans lesquels il a voulu lui-même résu-

---

des députés. — **1.** *Ministre ?* celui qui est chargé des principales affaires de l'État. | *Principaux ministères ?* — **2.** Qui a le plus contribué à faire construire les fortifications de Paris ? — **3.** Quelle ville Thiers conserva-t-il à la France ?

mer sa vie : « Il a aimé sa patrie ; il a cherché
la vérité. »

---

**1.** Citez l'épitaphe inscrite sur la tombe de Thiers.

**Programme de récitation :** — Faire apprendre ces vers où le
poète raconte ce qui se passa à Paris pendant le siège.

### Un épisode de la guerre. — La famine de Paris.

Chacun se donne à tous et nul ne songe à soi.
J'ai payé quinze francs quatre œufs frais, non pour moi,
Mais pour mon petit George et ma petite Jeanne.
Nous mangeons du cheval, du rat, de l'ours, de l'âne.
On vit de rien, on vit de tout, on est content.
Sur nos tables sans nappe, où la faim nous attend,
Une pomme de terre arrachée à sa crypte
Est reine, et les oignons sont dieux comme en Égypte*.
Nous manquons de charbon, mais notre pain est noir.
Plus de gaz, Paris dort sous un large éteignoir ;
A six heures du soir, ténèbres. Des tempêtes
De bombes font un bruit monstrueux sur nos têtes.
D'un bel éclat d'obus j'ai fait mon encrier...
Moi, je suis là, joyeux de ne voir rien plier.
Je dis à tous d'aimer, de lutter, d'oublier,
De n'avoir d'ennemi que l'ennemi ; je crie :
Je ne sais plus qu'un nom, c'est le nom de Patrie.

V. Hugo*.

QUESTIONS SUR L'EXERCICE DE MÉMOIRE : Faire comprendre la
beauté du premier vers. — *Nous mangeons de l'ours :* parce que, faute
d'autre chose, on prit et on mangea jusqu'aux animaux de la ména-
gerie, située au Jardin des Plantes : ours, tigres, éléphants, etc. —
*Crypte,* souterrain : mis ici pour *cave.* — *Égypte*?* — *Notre pain
est noir :* parce qu'on n'avait plus de farine de blé. — Faire comprendre la métaphore: *Paris dort sous un vaste éteignoir,* — l'ellipse
du verbe: *à six heures, ténèbres.* — *Bombes ?* — *Éclat d'obus ?* —
*Plier ?* se dit des soldats qui commencent à fuir, dont les rangs
cèdent et se mêlent. — *Oublier ?* oublier les fautes passées, les différends, les luttes intestines.

## 59. — Les grands pays de l'Europe 1.

Je pars pour un grand voyage, un voyage à travers l'Europe : je vais vous raconter tout ce que j'apercevrai.

*Il est quelquefois bon de voir du pays et de connaître ce qui se fait chez les autres peuples ; voyager, c'est s'instruire.* Au retour, la patrie semble plus douce encore qu'autrefois, et on sent mieux que jamais combien on l'aime.

C'est à Paris que je monte en chemin de fer. Dans la grande gare pleine de fumée les locomotives vont et viennent

FIG. 271. — La gare de l'Est, à Paris.
(Vue de l'extérieur.)

FIG. 272. — La gare, à l'intérieur, est pleine de fumée, les locomotives vont et viennent.

---

59e RÉCIT. — **Programme de géographie et d'instruction civique :** — 1. Les six pays les plus importants de l'Europe par leur population, leur commerce, leur armée et leur marine ?

**Programme de grammaire et de sciences élémentaires :** — 2. *Gare ?* bâtiment sous lequel viennent s'abriter les trains de chemin de fer pour que les voyageurs montent ou descendent. | Chercher d'où vient ce mot. — *Locomotive ?* machine à vapeur qui se donne à elle-même le mouvement et qui peut le donner à toute une suite de wagons.

GUYAU. — *Ann. prép.*                    9

en sifflant. Enfin la cloche retentit ; le train part... Il

Fig. 273. — La cloche a retenti, le train part.

va d'abord tout doucement : on dirait qu'il est lourd à traîner et que la grosse locomotive s'essouffle ; mais la voilà qui tire, qui tire ; le train se dépêche de la suivre ; oh ! nous allons comme le vent : quand nous arrêterons-nous ?

I

## L'ALSACE-LORRAINE. L'ALLEMAGNE.

1. Au bout de quelques heures pourtant on s'arrête. Où sommes-nous ?

Fig. 274. — Uniformes de soldats allemands.

Je vois se promener devant le train des employés à figure sévère, des soldats de haute taille avec des uniformes que 1 je ne connais pas : soldats et employés me parlent une langue dure que je ne comprends pas. Nous avons donc déjà quitté la France ?

Pourtant, non, pas tout à fait encore : les gens du pays savent le français, ils le parlent autour de moi. C'est l'Alsace-Lorraine *, c'est cette belle pro- 2

---

**Programme de grammaire :** — 1. *Uniforme ?* habit militaire. | D'où vient ce mot ? | Adverbe de même origine : *uniformément.*

**Programme d'histoire et d'instruction civique :** — 2. Que avez-vous sur l'Alsace-Lorraine ? Voir le lexique et la *carte de la page* 210. | Depuis quelle époque l'Alsace-Lorraine est-elle séparée de la France ?

vince arrachée à notre patrie depuis la dernière guerre. Hélas ! je n'ai plus le droit de dire que je suis en France, et pourtant je sens bien que j'y suis toujours, malgré ces uniformes étrangers qui pas-

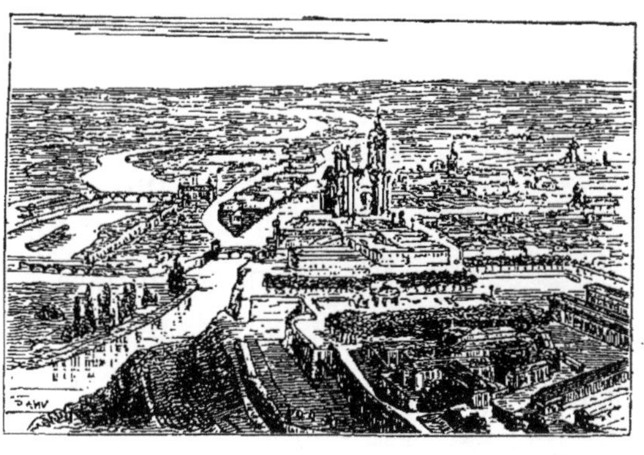

Fig. 275. — Vue de **Metz**.

sent devant mes yeux ; oui, je suis en France, car [1] la plupart des habitants sont restés français par la volonté et par le cœur.

Les deux villes les plus importantes de l'Alsace - Lorraine sont [2] **Strasbourg** et **Metz**. [3] Metz, l'antique cité lor-raine, a déjà deux fois dans l'histoire servi de rempart à la France. Strasbourg, pendant la dernière guerre, s'est défendu aussi héroïque-

Fig. 276. — **Strasbourg pendant le bombardement.**

---

**Programme d'instruction civique :** — **1.** Les habitants de l'Alsace-Lorraine ont-ils donné un bel exemple de fidélité à la patrie française ?

**Programme de géographie :** — **2.** Les deux villes les plus importantes de l'Alsace-Lorraine ? — **3.** La ville de Metz est-elle forte ? S'est-elle défendue vaillamment à plusieurs reprises ?

ment, et l'on voit encore sur ses vieilles maisons [1]
et sur sa cathédrale la trace des boulets prussiens.

Je suis monté sur le clocher de la grande cathé-[2]

Fig. 277. — Les nids des cigognes
sur les cheminées de Strasbourg.

drale, ce clocher si léger et si aigu, le plus élevé qui soit au monde. D'en haut on découvre la ville entière, avec ses maisons pressées l'une contre l'autre. Tous les ans, sur le toit des maisons s'abattent des bandes de cigognes, [3] qui font leur nid sur les cheminées : elles y reviennent à chaque printemps, retournent nicher

au même endroit ; on a fait d'elles l'emblème de la fidélité au foyer paternel, car elles vivent en famille et n'oublient point le lieu de leur naissance ; elles restent toujours fidèles à leur pays.

Du haut du clocher je vois par delà la ville : j'aperçois le *Rhin* * qui roule ses eaux jaunes à travers la [4] campagne ; c'était lui autrefois qui servait de limite entre la France et l'Allemagne ; à présent il n'ar-

---

**Géographie : — 1.** En quelle année Strasbourg a-t-il subi dernièrement un siège héroïque ? | Citez une autre grande ville industrielle de l'Alsace-Lorraine (Colmar). | Quelles autres villes y connaissez-vous ?
**— 2.** *Cathédrale ?* église où l'évêque a son siège, église principale d'un diocèse.

**Programme d'histoire naturelle : — 3.** *Cigogne ?* oiseau au long cou et aux longs pieds, qui est *migrateur* et va passer l'hiver en Afrique, principalement sur les bords du Nil.

**Programme de géographie et d'instruction civique : —
4.** Le *Rhin* * ? Où prend-il sa source ? | Quel lac traverse-t-il ? | Arrose t-il encore quelque terre française ?

rose plus aucune terre française. Par derrière le Rhin, on distingue des plaines bordées de monta-gnes noires ; c'est le grand empire al-lemand, qui s'étend à perte de vue. Eh bien, je vais m'en-foncer dans ce vaste pays ; je veux voir de près ces Alle-mands qui ont en-vahi notre France ; je veux chercher le secret de leur force.

FIG. 278. — Le **Pont de Kehl**, sur le Rhin, en face de Strasbourg.

Au revoir, Strasbourg, ville vaillante et fidèle dont les fils sont si souvent morts pour la patrie fran-çaise ; je te quitte, mais longtemps, longtemps en-core je distingue en me retournant ton clocher, qui semble grandir à mesure que je m'éloigne ; c'est ainsi que, loin de diminuer par l'éloignement et le

---

**Programme de récitation :** — Faire apprendre ces vers sur Metz et Strasbourg :

### Metz et Strasbourg.

Ainsi nous n'avons plus Strasbourg, nous n'avons plus
Metz, la chaste maison des vieux Francs* chevelus !
Et ces cités pourtant, c'est l'éternelle France...
J'en atteste l'œil bleu de la sainte espérance,
L'honneur, le droit, l'autel où l'on prie à genoux,
Cette Lorraine* et cette Alsace*, c'est à nous !

V. HUGO*.

QUESTIONS SUR L'EXERCICE DE MÉMOIRE : *La maison des vieux Francs?* Parce que Metz a été la capitale du royaume d'*Austrasie*, sous les fils de Clovis. — *Chevelus?* Parce que les Francs portaient les cheveux longs. — *L'œil bleu de l'espérance?* Le poète, personni-fiant l'espérance, lui donne des yeux bleus comme le ciel.

temps, grandit dans nos cœurs le cher souvenir du pays que la guerre a séparé de nous.

2. Me voici en pleine **Allemagne**; je vois s'étendre de grandes *plaines* riches en *blé*, en *orge*, en *seigle*; le pays est un peu plus peuplé que la France, car il compte 49 millions d'habitants, malgré les vastes *forêts* qui le couvrent dans certaines provinces.

J'arrive à Berlin, la *capitale de l'empire* : c'était il n'y a pas bien longtemps une petite ville; maintenant c'est une grande cité de plus d'*un million et demi d'habitants*; elle s'accroît tous les jours. Dans ses rues règne une grande activité; de nombreux ouvriers vont au travail, les enfants vont à l'école.

Fig. 279. — Vue de **Berlin**.

Ces enfants, je les vois passer par bandes, revenir ou aller en classe; c'est là la force du pays. Ils sont extrêmement nombreux, si nombreux qu'avant longtemps l'Allemagne comptera *cent millions d'habitants*. Là-bas les familles sont fières quand elles ont dix ou douze enfants sur les bancs de l'école.

Il faut savoir reconnaître et s'approprier les qua-

1 lités des autres nations pour tâcher de ne pas rester
au-dessous de nos rivaux. Eh bien, petits Français,
si les enfants de l'Allemagne apprennent moins vite
que vous, — car les races du nord ont d'habitude
l'esprit plus lent, — ils n'en travaillent pas moins avec
un grand courage :
ils s'appliquent gé-
néralement à ce
qu'ils font, ils se
laissent moins dis-
traire par une mou-
che qui vole ou
une porte qui s'ou-
vre. Quand je passe,
je vois leurs têtes
au front carré pen-

Fig. 280. — Le palais de l'Université à **Berlin**.

2 chées studieusement sur les livres en caractères
3 gothiques ; ils savent qu'une intelligence facile n'est
rien sans une volonté persévérante. Ils prennent aussi
4 de bonne heure l'habitude d'obéir du premier coup
à un mot, à un geste de leur maître.

Plus tard, quand ils iront à l'armée, ils garderont
5 cette habitude de la discipline, qui est la première qualité du soldat : ils marcheront au combat, non pas avec enthousiasme, mais avec une

---

1. Que devons-nous faire en France pour ne pas rester au-dessous de
nos rivaux ? | Qualités et défauts de l'esprit allemand et de l'es-
prit français ?

**Programme de sciences élémentaires :** — 2. *Caractères
gothiques ?* écriture qui date du treizième siècle, aux traits réguliers
et anguleux.

**Programme d'instruction civique :** — 3. Suffit-il dans la vie
d'avoir une intelligence facile ? — 4. Faut-il apprendre de bonne
heure la vertu de l'obéissance ? — 5. Première qualité du soldat ?

entière obéissance, sur un ordre de leur caporal. 1

Enfin, dans la vie, ces enfants feront comme à l'école : ils travailleront beaucoup.

Fig. 281. — Costumes allemands.

Ils sont dans un pays plus froid que le nôtre ; ils ont besoin de plus de charbon l'hiver, ils ont besoin de vêtements plus chauds ; en outre les ouvriers sont, là-bas, payés 2 moins cher qu'en France, et il leur faut prendre plus de peine : n'importe, ils ont la force et la patience du bœuf traçant son sillon pas à pas et fécondant les champs derrière lui. Ceux d'entre eux qui ne se fatiguent pas toute la semaine dans les travaux les plus pénibles du corps suppléent au défaut d'exercice par la gymnastique. Il 3 y a en Allemagne

Fig. 282. — Ecole de gymnastique en Allemagne.

2 500 *sociétés de gymnastique*, qui comptent 200 000 *gymnastes*, 200 000 hommes rompus à tous les exercices du corps et qui feraient au besoin d'infatigables soldats.

Petits enfants de France, vous êtes aussi bien et

mieux partagés que tous ces enfants de l'Allemagne ; la plupart d'entre vous ont un corps aussi vigou-reux, une intelligence plus vive, des maîtres meil-leurs et plus doux ; votre pays est bien plus beau et plus riche : une existence plus riante s'ouvre donc devant vous ; mais apprenez de bonne heure à tra-vailler, apprenez à avoir de la volonté et du courage, 2 car dans la vie celui qui se donne le plus de peine est toujours celui qui arrive le plus haut.

Les Allemands nous ont vaincus une fois sur les champs de bataille ; mais jusqu'à présent ils nous étaient toujours restés inférieurs dans l'industrie et 3 dans le commerce. Ils font tout ce qu'ils peuvent aujourd'hui pour nous dépasser : du courage, enfants, et ne nous laissons pas battre. *Le* **travail**, *c'est déjà* 4 *du* **patriotisme** ; *la* **paresse**, *c'est de la* **lâcheté**.

## II

### LA RUSSIE

A Berlin, je ne suis plus très éloigné des frontières de **Russie** ; je veux voir aussi ce pays, si vaste qu'il embrasse *plus de la moitié de l'Europe* et que ses possessions couvrent un septième de la terre.

Fig. 283. — Chariot russe traversant la steppe et poursuivi par des loups.

De vastes *plaines* ou *steppes*

---

**Programme d'instruction civique :** — 1. Notre pays est-il mieux partagé que le pays allemand ? | plus beau ? | plus riche ? — 2. Quel est l'homme qui, dans la vie, arrive le plus haut ? — 3. Quel est le but que poursuivent en ce moment l'industrie et le commerce de l'Allemagne ? — 4. En quoi peut-on dire que l'amour du travail est déjà du patriotisme ?

s'y déroulent à perte de vue, — des plaines trop [1] souvent désertes et stériles, où l'on n'entend que le sifflement du vent du nord et le hurlement des loups.

A travers ces interminables plaines coulent de *larges fleuves*, dont [2] les plus importants

FIG. 284. — Fleuve russe pendant l'été.

sont la *Néva* * et le *Volga* * : ils coulent lentement entre des rives basses et sans arbres.

L'été, ces fleuves sont parcourus en tous sens par des bateaux ; l'hiver, leurs eaux se gèlent, et alors ils forment de grandes routes de glace, sur lesquelles glis-

FIG. 285. — Fleuve russe pendant l'hiver.

sent et se croisent les patineurs et les *traîneaux*. [3]

**Programme de géographie :** — 1. Que savez-vous sur la Russie? | Sur son étendue? | Les campagnes de la Russie sont-elles peuplées? — 2. Principaux fleuves de la Russie? | Que deviennent-ils pendant l'hiver? (Voir la carte de la page 210.)

**Programme de grammaire :** — 3. *Patineurs?* gens qui s'avancent sur la glace en glissant à l'aide de patins | *Patins* (de patte), sorte de chaussure faite pour glisser et qui peut avoir jusqu'à deux mètres de long sans être plus large que le pied. | *Traîneau ?*

Çà et là, on rencontre quelques grandes villes : dans le nord, c'est la capitale **Saint-Pétersbourg**, avec son beau port et ses rues spacieuses ; au centre, c'est **Moscou**, avec ses clochers et ses dômes dorés qu'on voit briller de toutes couleurs au soleil.

FIG. 286. — Vue de la place Saint-Isaac à **Saint-Pétersbourg**.

Ces villes sont belles, peuplées, commerçantes ; mais, en général, la population de la Russie est pauvre, et les 100 *millions d'habitants* qu'elle renferme sont disséminés sur un si grand espace, qu'on parcourt quelquefois des centaines de lieues sans rencontrer une seule ville.

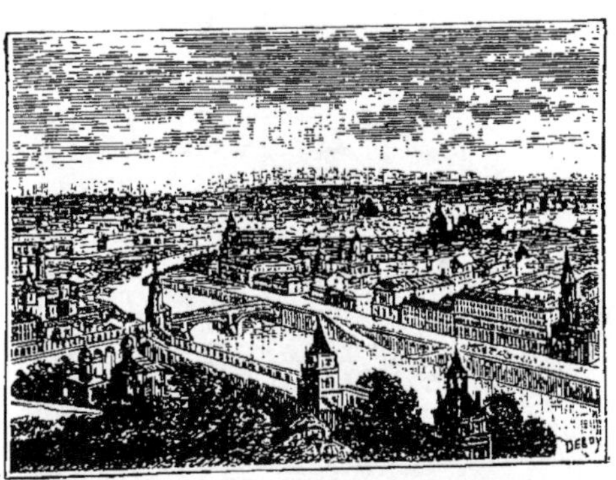

FIG. 287. — Vue de **Moscou**.

---

Voiture sans roue qui glisse sur la neige. | D'où vient *traineau* ?

**Programme de géographie et de grammaire :** — **1.** Les deux grandes villes de la Russie ? | Près de quelle mer est situé Saint-Pétersbourg ? — **2.** *Dôme ?* voûte demi-sphérique qui surmonte un édifice. — **3.** A combien estime-t-on la population totale de l'Empire russe ? — **4.** *Disséminé ?* dispersé, répandu çà et là.

## III

### L'AUTRICHE-HONGRIE

Voici l'**Autriche-Hongrie** : quel étrange pays ! Il a
41 *millions d'habitants*, un peu plus que la France; 1
mais il est composé de **peuples** qui ne parlent pas la 2
même langue et qui ne s'aiment pas toujours entre eux.

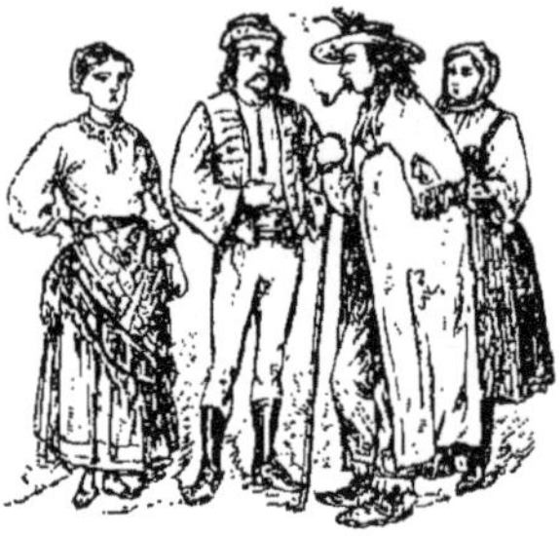

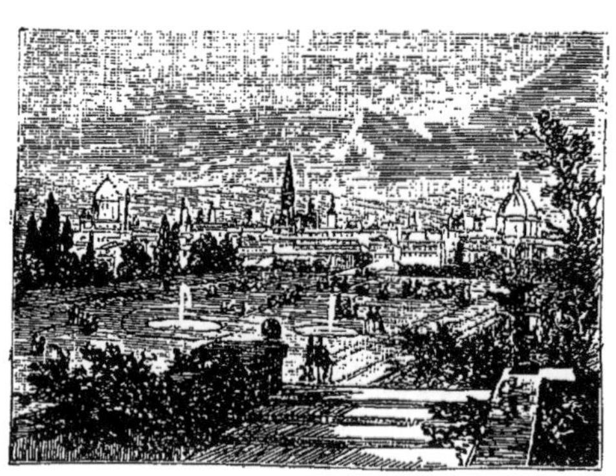

Fig. 288. — Costumes autrichiens.

Il est traversé par le *grand* 3
*fleuve du Danube* *, qu'on peut descendre en bateau à vapeur. Sur le bateau, j'entends résonner cinq ou six langues diverses. Les passagers ont les costumes les plus variés, et leurs vêtements de toutes couleurs brillent au soleil.

J'arrive d'abord à **Vienne.** C'est la *capitale de* 4
*l'Autriche*, c'est le centre du commerce de l'Europe orientale. C'est aussi une ville savante. Elle compte un million 400 000 5
habitants.

Fig. 289. — Vue de **Vienne.**

Je continue ma route, je descends le Danube aux eaux bleues, et je rencontre une autre grande ville,

---

**Programme de géographie :** — **1.** Population de l'Autriche-Hongrie? — **2.** Quelle particularité offre ce pays? — **3.** Nom du grand fleuve qui traverse l'Autriche-Hongrie? — **4.** Nommez la ville où se concentre le commerce de l'Europe orientale. — **5.** Population de Vienne?

1 *Buda-Pesth*, avec un large pont sur le fleuve : c'est
2 la capitale de la **Hongrie,** un des pays étrangers
qui aiment la
France et les
Français.

Fɪɢ. 290. — Vue de **Buda-Pesth.**

Sur les co-
teaux de la Hon-
grie, au bord du
fleuve, croissent
des vignes nom-
breuses aux rai-
sins dorés ; le
soleil rit. Par-
fois, je me crois dans ma chère France, en train
de descendre la Garonne* ou le Rhône*, et la gaieté
du pays natal me revient au cœur.

## IV

### L'ITALIE

Je suis sûr que vous avez remarqué souvent, au
3 sud-est de la France, cette *presqu'île* qui s'avance
dans la mer et qui ressemble, sur une carte, à un
grand pied étendu : c'est l'**Italie.**

Une chaîne de montagnes, qu'on nomme les
4 *Apennins* traverse l'Italie dans toute sa longueur et
5 coupe en deux moitiés ce pays, où habitent 30 *millions d'hommes.*

---

**Programme de géographie :** — **1.** Capitale de la Hongrie ? —
**2.** Que savez-vous sur la Hongrie et les Hongrois ? — **3.** Nom de la
grande presqu'île située au sud-est de la France ?.— **4.** Qu'est-ce que
les Apennins ? — **5.** Population de l'Italie ?

Montons ensemble sur les hauts sommets des Apennins, et regardons à nos pieds.

Je vois là bas, vers le sud-ouest, au milieu de marais malsains, la [1] ville de **Rome**. Elle [2] possède d'antiques monuments et des ruines superbes ; elle compte trois cents églises, des palais de toute sorte, des villas, des fontaines monu-

Fig. 291. — Vue du fort Saint-Ange à **Rome**.

mentales. Rome est la *capitale de l'Italie*. C'était autrefois la ville la plus puissante du monde : quoique déchue, elle est encore magnifique à voir.

Mais regardons plus bas. Au pied de la montagne fumante du *Vésuve*, sur les bords d'une baie aux flots bleus, *Naples* s'étend. C'est [3] une cité bruyante qui renferme dans ses murs 530 000 *habitants*.

Fig. 292. — Vue de **Naples**.

Et, tout à fait dans le nord de l'Italie, voici d'au-

1tres grandes villes : *Turin*, sur le fleuve rapide du
2Pô*; *Milan*, avec ses grandes places et sa cathédrale
tout en marbre ;
3*Florence*, avec ses
palais et ses œuvres
4d'art ; *Venise*, bâtie
au milieu des eaux,
sur des îles : elle a
pour rues des ca-
naux que sillonnent
en tous sens 9 000
barques peintes et
sculptées. Enfin, à
l'opposé, près de la

Fig. 293. — Vue de **Florence**.

5France, *Gênes*, la patrie de *Christophe Colomb**, offre
aux vaisseaux son port vaste et commerçant, qui fait
les plus grands efforts pour lutter avec Marseille*.

Toutes ces villes sont au milieu de belles cam-
6pagnes, où croît une végétation encore plus variée
qu'en France. Tandis que, dans les plaines vertes,
l'*oranger* et le *citronnier* étalent leurs fruits dorés,
ailleurs, au sommet des montagnes, les châtaigniers
et les sombres sapins du nord se courbent sous un
vent froid. Le *riz* est cultivé à côté du blé ; on
récolte du *coton* non loin du chanvre, et les *pal-
miers* y ombragent les ceps des vignes.

Dans ces terres fertiles habite une population
intelligente et ambitieuse, que nous avons, nous

---

**Programme de géographie :** — **1.** Sur quel fleuve est situé
Turin ? — **2.** Quel est le monument célèbre de Milan ? — **3.** Qu'est-ce qui
a rendu Florence célèbre ? — **4.** Où est bâtie Venise ? — **5.** Quel est le
port de la Méditerranée qui cherche à faire le plus de concurrence à
notre port français de Marseille* ? — **6.** Végétation de l'Italie ?

autres Français, noblement délivrée, il y a vingt

FIG. 294. — Costumes italiens.

ans, de la domination étrangère. Aujourd'hui, ce peuple rêve de prendre notre rang dans le monde. Il fait tout ce qu'il peut pour nous supplanter dans l'industrie et le commerce.

Malgré leurs efforts, les Italiens sont encore en arrière de nous ; pourtant ils ont sur nous un avantage, c'est leur *sobriété*, c'est l'*habitude de vivre de peu*. Dans les plaines merveilleusement cultivées de la *Lombardie** et dans les montagnes du *Piémont**, on voit des paysans vivre pour 15 ou 20 centimes par jour. Ils ne boivent que de l'eau, ne fument pas, ne se nourrissent que de bouillie de maïs, et avec cela sont de robustes ouvriers.

## V

### ILES BRITANNIQUES

1. Traversons cette petite mer située au nord de notre France. Regardons : devant nous s'ouvre un grand pays.

C'est d'abord l'**Angleterre**, avec ses magnifiques prairies ; plus haut, c'est la montagneuse **Écosse** ; à gauche s'étend l'**Irlande**, verte comme une émeraude, qu'un bras de mer sépare de nous.

---

**Programme d'histoire et de géographie :** — **1.** Quel est le peuple qui a affranchi l'Italie, naguère assujettie à la domination étrangère ? — **2.** *Supplanter ?* prendre la place de quelqu'un. — **3.** Qualités de la nation italienne ? — **4.** Comment s'appelle la mer située au nord de la France ? | D'où lui vient son nom ? — **5.** *Emeraude ?* pierre précieuse de couleur verte, à laquelle on a souvent comparé la verdure de l'Irlande.

1 Ces trois pays ne font qu'un seul royaume : le Royaume-uni de **Grande-Bretagne et d'Irlande**. Il a aujourd'hui 38 *millions d'habitants*, à peu près la même population que la France.

2 Voici la capitale, **Londres** : elle s'étend au bord de la *Tamise**, ce fleuve large et profond, où flottent des milliers de navires venus de toutes les mers : c'est le premier port du monde.

Dans les rues de la ville, dans ses places, dans ses

FIG. 295.— La **Tamise*** à Londres.

jardins, vont, viennent et s'agitent pêle-mêle quatre millions d'hommes : c'est comme une mer vivante que nous verrions onduler.

3 Londres est *la ville la plus peuplée de l'univers;* elle est la plus vaste et la plus commerçante. Elle s'accroît de soixante mille habitants chaque année.

4 Il s'y bâtit en moyenne une maison par heure, et toutes ces maisons débordent sans cesse sur les

---

**Programme de géographie : — 1.** De quels pays se compose le Royaume-uni ? | Population actuelle du Royaume-uni ?— **2.** Capitale de l'Angleterre ? | Où est-elle située? | Quel est le premier port du monde? | Que savez-vous sur la Tamise*?— Population de Londres ?— **3.** *Onduler?* se lever et s'abaisser comme les « ondes » ou flots.

**Programme d'arithmétique : — 4.** *En moyenne?* en mettant tout l'un dans l'autre, en considérant à la fois les heures où l'on n'achève pas une maison et les heures où l'on en achève trente ou quarante. — PROBLÈME D'ARITHMÉTIQUE : On a achevé hier vingt-huit maisons et aujourd'hui vingt seulement. Prendre la moyenne des maisons bâties par jour et par heure.

campagnes voisines comme une rivière que rien ne pourrait arrêter.

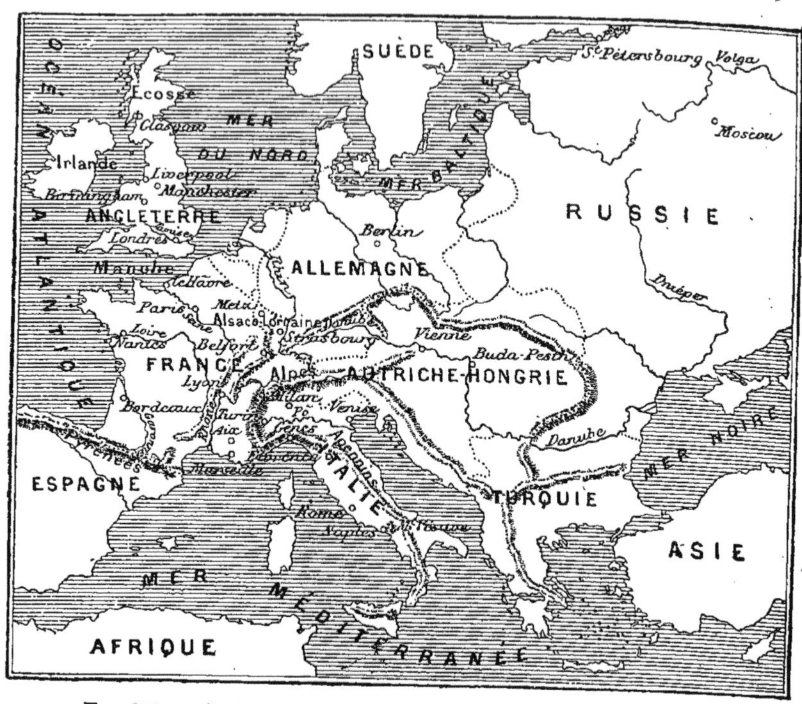


Fig. 296. — Carte pour servir d'*itinéraire* ou indication de route dans le voyage à travers l'Europe.

Mais remontons vers le nord. Combien d'autres grandes villes ! Voici le port de *Liverpool*, le plus grand du monde après Londres, voici le port de *Glasgow*, voici les villes industrielles de *Birmingham* et de *Manchester*.

C'est là que des ouvriers sont occupés par centaines de mille à façonner le fer et les métaux, à tisser le coton et la laine.

---

**Programme de géographie :** — **1.** Citez après Londres le plus grand port de l'Angleterre. — **2.** Le port de Glasgow est-il aussi en Angleterre? | Capitale de l'Écosse? | de l'Irlande?— **3.** Que savez-vous sur Birmingham, sur Manchester ?

Les forges sont rouges, les métiers grincent;
l'air est noir de fumée. Un brouillard enveloppe
les villes; j'aperçois de
gigantesques maisons de
douze étages dont le haut
est perdu dans les nuages.
Parfois, je ne vois même
pas à me conduire. Sou-
vent, en plein jour, il y a
une brume si épaisse à
Londres, qu'on est forcé
d'allumer le gaz comme la
nuit et que les agents de
police parcourent les rues
avec des torches à la main.

Fig. 297. — Le brouillard à Londres.

Oh! qu'il me semble être
loin du soleil de France! Je me sens perdu au milieu
de ces immenses foules qui s'agitent dans les brumes
d'un pays humide. J'ai hâte de repasser la mer.

2. Je reviens, je retrouve en France joie et lumière;
mais je rapporte de mon voyage à travers les autres
peuples une ardeur nouvelle au travail.

*Un pays ne vit que du labeur de ses enfants :*
pour que la France conserve son rang au milieu
des autres peuples, il faut que chacun de nous
travaille sans relâche; *ne pas travailler, c'est ne pas
remplir le premier des devoirs du citoyen.*

---

**Programme de géographie :** — 1. Climat de Londres? Le
temps y est-il souvent clair et chaud?

**Programme d'instruction civique :** — 2. Ce qui fait vivre
et prospérer les peuples? | Qu'est-ce qui est nécessaire pour que la
France garde son rang au milieu des autres peuples? — 3. Montrez
comment un enfant peut déjà remplir ses devoirs de citoyen?

# LEXIQUE

Contenant des explications sur les grands hommes et les noms géographiques
cités dans le volume.

**Aix** en Provence, sous-préfecture du département des Bouches-du-Rhône, 28 000 habitants, possède des fontaines chaudes qui lui ont valu le nom latin d'*Aquæ Sextiæ* (eaux de Sextius), par corruption *Aix*. Cette ville fut, au temps de la féodalité, capitale de la Provence.

**Alsace-Lorraine.** On désigne ainsi les deux provinces d'Alsace et de Lorraine enlevées par l'Allemagne à la France ; elles forment aujourd'hui un État de l'Allemagne. L'Alsace-Lorraine comprend 1 600 000 habitants ; elle a pour villes principales *Strasbourg*, qui est aujourd'hui la capitale, *Metz*, *Colmar*, *Mulhouse*, etc.

**Antilles,** le plus considérable des archipels connus, situé dans l'océan Atlantique, entre l'Amérique du Nord et l'Amérique du Sud. Les principales colonies que nous possédons aux Antilles sont la *Martinique* (capitale Fort-de-France) et la *Guadeloupe* (cap. Pointe-à-Pitre). Les productions principales des Antilles sont le *sucre*, le *café*, l'*indigo* dont se servent les teinturiers, le *coton*, le *cacao*, le *tabac*, le *poivre*, etc.

**Belfort**, ville commerçante et très forte que les Prussiens ne purent prendre en 1870 et que M. Thiers conserva à la France. 25 000 habitants. Belfort forme à lui seul un arrondissement indépendant.

**Brizeux**, poète, né à Lorient en 1806, mort en 1858, a écrit des poésies distinguées sur son pays, la Bretagne.

**Chambre.** Ce mot a été donné au lieu où s'assemblent les députés et a fini par s'appliquer à l'assemblée elle-même. On distingue la *Chambre* (assemblée des députés) du *Sénat* (assemblée des sénateurs) ; ces deux assemblées forment ce qu'on appelle le *Parlement*.

**Corneille** (Pierre), grand poète du dix-septième siècle, naquit à Rouen en 1606 et mourut à Paris en 1684. Il écrivit des *tragédies*, — pièces de théâtre qui se terminent d'habitude par un événement triste. Plusieurs de ses pièces — par exemple *le Cid* et *Cinna* — sont des chefs-d'œuvre.

**Colomb** (Christophe) naquit au quinzième siècle à Gênes, où il a sa statue. Il entra à quatorze ans dans la marine, mais tout en naviguant s'instruisit dans la plupart des sciences. Il finit par acquérir la certitude qu'il existait une côte inconnue par delà l'océan Atlantique. Après bien des misères, il obtint un navire de la reine d'Espagne Isabelle et découvrit l'Amérique. Le roi d'Espagne, plein d'ingratitude à son égard, le laissa mourir à Séville dans le dénuement.

**Danube**, grand fleuve de l'Europe dont le cours est d'environ 3,000 kilomètres. Il prend sa source en pleine forêt Noire dans le grand-duché de Bade, traverse successivement l'Allemagne méridionale, la Hongrie, la Turquie et va se jeter dans la mer Noire par cinq embouchures.

**Dupont** (Pierre), né à Lyon en 1821, de parents pauvres, simples ouvriers. Il fit ses études chez un de ses parents, qui était prêtre. Il a écrit des *chansons* populaires dont il composait à la fois la musique et les paroles.

**Égypte**, grand pays d'Afrique arrosé par le Nil ; ses habitants adoraient autrefois les animaux et les plantes. L'Égypte est aujourd'hui sous le protectorat de l'Angleterre; 5 millions d'habitants. Grandes villes : *le Caire* et *Alexandrie.*

**Empire**, nom de la période qui commença en 1804 lorsque le général Bonaparte se fut fait nommer empereur des Français. L'empire est rempli par une série de guerres contre toute l'Europe qui coûtèrent la vie à des millions d'hommes. En 1815, l'empereur, vaincu dans la fatale bataille de Waterloo, fut exilé par les Anglais à l'île de Sainte-Hélène, où il mourut.

**Espagne**, pays situé au sud de la France, et séparé d'elle par les Pyrénées (17 millions d'hab.); cap. *Madrid*, au centre (470 000 hab.). Villes principales : *Barcelone*, sur la Méditerranée (270 000 hab.); *Valence, Séville, Cadix*, etc.

**Francs** ou Franks, nom qui signifie *fier, intrépide*, et d'où vient celui de Français. C'est le nom de tribus d'origine Allemande qui passèrent le Rhin et envahirent la Gaule vers le troisième, quatrième et cinquième siècle. Les Francs formaient des bandes indisciplinées que Clovis réunit sous sa domination.

**Garonne**, fleuve de France, prend sa source dans les Pyrénées et court jusqu'à Bordeaux avec une vitesse de quatre cents à six mille mètres par heure. Au-dessous de Bordeaux il reçoit la Dordogne, et les deux rivières mêlées prennent le nom de *Gironde;* elles ont alors une largeur de 3 à 4 lieues.

**Hugo** (Victor), un des trois grands poètes français de notre siècle, naquit à Besançon en 1802 d'un père général. Il suivit tout enfant les armées. A vingt ans il publia son premier volume et commença à être connu. Plus tard il a acquis une grande célébrité par ses pièces de théâtre et surtout ses poésies *lyriques* (lyrique vient de *lyre*, parce que les anciens, quand ils disaient des vers, s'accompagnaient avec un instrument appelé *lyre*). — Mort en 1885.

**Lamartine** (Alphonse de) est aussi un des grands poètes français de notre temps; il naquit à Mâcon en 1790, et mourut en 1869. Il a été élevé dans le village de Milly, près de Mâcon. A trente ans, la publication de ses poésies le rendit célèbre. En 1848, Lamartine eut un rôle politique important; il montra un grand courage en défendant devant la foule, au milieu des coups de fusil, notre drapeau tricolore français que la populace voulait abattre et remplacer par le drapeau rouge.

**Lille**, la cinquième ville de France (200 000 hab.). C'est une ville très industrieuse, avec de nombreuses filatures et de nombreuses raffineries de sucre. Elle est située dans une vaste plaine fertile. Le département du Nord, dont elle est le chef-lieu, est le plus peuplé après celui de la Seine.

**Lombardie**. On désigne sous ce nom l'immense plaine très fertile qui forme l'Italie du nord et qu'arrosent le Pô et l'Adige. Le chef-lieu de la Lombardie est Milan. La Lombardie produit en abondance le blé et le riz.

**Lorraine**. V. *Alsace-Lorraine.*

**Marseille**, le plus grand port de commerce de la Méditerranée et l'un des plus grands du monde. Belle promenade dite de la Canebière. Commerce considérable avec l'Algérie et la Tunisie; plus de 400 000 habitants.

**Mont Blanc**, la plus haute cime des Alpes (4 810 m.), Hte-Savoie.

**Musset** (Alfred de), né à Paris en

1810, est mort en 1857. C'est un des trois grands poètes de notre siècle.

**Néva**, fleuve important de la Russie, sur lequel est bâti Saint-Pétersbourg. La Néva sort du lac Ladoga pour aller se jeter dans le golfe de Finlande.

**Normandie**, ancienne province du Nord de la France, qui comprend les cinq départements de l'Orne, de la Seine-Inférieure, du Calvados, de l'Eure et de la Manche. Villes principales : *Rouen* (112 000 hab.) et *le Havre*, qui est après Marseille le port de mer le plus commerçant de la France. La Seine arrose la Normandie et permet aux petits navires de remonter jusqu'à Rouen.

**Perpignan**, chef-lieu des Pyrénées-Orientales (34 000 hab.), dans une admirable situation, à huit kilomètres de la mer. Place forte de 1re classe.

**Piémont**, c'est-à-dire pays au *pied des monts* : on appelle ainsi la région de l'Italie septentrionale qui a pour capitale Turin. Le pays, en partie montueux, renferme des plaines très fertiles où l'on élève beaucoup de vers à soie.

**Pô** (le), fleuve de l'Italie du nord, prend sa source au mont Viso, dans les Alpes, et va se jeter dans l'Adriatique. Il est dangereux par ses inondations fréquentes.

**Réunion** (île de la) ou *île Bourbon* (170 000 habitants), possession française sur la côte orientale d'Afrique. Les villes principales sont : *Saint-Denis*, chef-lieu de la colonie, *Saint-Pierre*, port, et *Saint-Paul*.

**Révolution française.** On désigne ainsi la grande Révolution qui éclata en 1789, commença par la prise de la Bastille, le 14 juillet (date de la fête nationale) et dura jusqu'à l'établissement de l'empire, en 1804. La Révolution, malgré ses fautes, réforma beaucoup d'abus et établit définitivement l'égalité de tous les Français devant la loi et la justice.

**Rhin** (le), dont le nom signifie rivière rapide, prend sa source en Suisse au mont Saint-Gothard, traverse le lac de Constance, se précipite à Schaffouse d'une hauteur de 25 mètres, arrose l'Alsace et va se jeter en Hollande dans la mer du Nord.

**Rhône** (le), dont le nom, comme celui du Rhin, signifie rivière rapide, prend sa source également dans le massif du Saint-Gothard, traverse le lac de Genève, arrose Lyon, Vienne, Valence, Avignon, Arles, où il forme un beau port, et va se jeter dans la Méditerranée par deux bras qui forment le *delta du Rhône*.

**Tamise** (la), fleuve d'Angleterre qui s'élargit beaucoup au moment de se jeter dans la mer du Nord : à cet endroit il forme le port de Londres. Les plus grands vaisseaux de guerre peuvent remonter la Tamise presque jusqu'à Londres.

**Volga**, le plus grand fleuve de l'Europe, aux eaux très poissonneuses, prend sa source dans la partie centrale de la Russie et se jette dans la mer Caspienne par soixante-dix embouchures.

**Voltaire**, de son vrai nom *Arouet*, compte parmi les grands hommes de la France, quoiqu'il ait eu beaucoup de détracteurs et que sa conduite leur ait sur certains points donné raison. Célèbre comme poète et comme historien, il l'est plus encore peut-être comme philanthrope : on a dit qu'il avait la « passion de l'humanité ; » il consacra les derniers temps de sa vie à défendre tous les malheureux, quels qu'ils fussent.

# TABLE DES MATIÈRES

## Pièces de vers citées dans le volume





Coulommiers. — Imp. Paul BRODARD. — 607-95.